WAT SCHAFT DE POT?

Wat schaft de pot?

Eetcultuur in Nederland door de jaren heen

Judith Brouwer
Marieke van Erp
Marieke Hendriksen
Rebeca Ibáñez Martín
Olga Leonhard
Irene van Renswoude

Sterck & De Vreese

KNAW Humanities Cluster · hi · IISG · Meertens Instituut · DHLAB · NL LAB Nederlandse cultuur en identiteit in heden en verleden

2e druk 2024

Boekverzorging: Sam Gobin
Ontwerp omslag: Mijke Wondergem

De illustratie op de omslag is gegenereerd met DALL-E, een artificial intelligence-programma dat nieuwe beelden produceert op basis van tekst. De opdracht was 'bitterballen en bier in de stijl van Vermeer'. Hiermee wil de redactie een brug slaan tussen eetcultuur en geschiedenis, en tegelijk een uitstapje maken naar de toekomst, waarin AI wellicht een grotere rol gaat spelen in zowel het onderzoek naar eetcultuur als eetcultuur zelf.

ISBN: 978 94 6471 153 0

Sterck & De Vreese is onderdeel van
20 leafdesdichten en in liet fan wanhoop bv
www.sterckendevreese.nl

INHOUD

1 Inleiding

Wat schaft de pot?

Judith Brouwer, Marieke van Erp, Marieke Hendriksen, Rebeca Ibáñez Martín, Olga Leonhard, Irene van Renswoude

Eten doen we allemaal. We hebben voedsel nodig om in leven te blijven, maar we associëren eten ook met genieten, plezier om te koken en gezelligheid. Eten heeft een belangrijke sociale functie: wie wat eet, met wie en wanneer speelt een rol in de vorming van onze identiteit en onze onderlinge relaties. Het gaat hierbij niet alleen om hoe we ons tot elkaar verhouden als individu, maar ook om onze positie in de maatschappij – wiens eetbehoeften wel of niet worden erkend bijvoorbeeld, of welke kennis over voedsel en eten op waarde wordt geschat. Hier komt ook nationale identiteit om de hoek kijken. Waarom associëren mensen sommige voedingsmiddelen en eetgewoonten met Nederlandse identiteit, en andere niet? En kun je eigenlijk wel spreken van een Nederlandse eetcultuur?

Wat schaft de pot? brengt perspectieven op eetcultuur in Nederland en Nederlandse eetcultuur in het buitenland vanuit verschillende disciplines ter tafel. We hoefden hiervoor niet verder te kijken dan de eigen keuken: alle auteurs zijn verbonden aan het KNAW Humanities Cluster, een samenwerking tussen verschillende instituten en onderzoeksgroepen op het gebied van geschiedenis, taal en cultuur. Soms waren we aangenaam verrast door wat we in onze eigen voorraadkast aantroffen. Door te putten uit de rijkdom aan expertises die we in huis hebben, ontstond er een onvermoed smakelijk banket. Zo duikt historicus Nina Lamal in de geschiedenis van de culinaire diplomatie, en onderzoekt archivaris en erfgoedspecialist Caro Matulessya de koloniale sporen van ingrediënten en gerechten in archieven. Historici Marieke Hendriksen en Irene van Renswoude en letterkundige Judith Brouwer bieden historische bespiegelingen op hoe 'typisch Nederlands' bekende lekkernijen als drop en oliebollen eigenlijk zijn. Historicus Milja van Tielhof zet in haar bijdrage over water en bier wat misverstanden recht over ons historisch drankgebruik.

In een uitstapje naar de taalkunde onderzoeken linguïsten Jeroen van Craenenbroeck en Stef Grondelaers in hoeverre verschillen tussen de Nederlandse en Vlaamse eetcultuur tot uiting komen in dialectspreekwoorden. Historici Rik Hoekstra en Marijke van Faassen gaan nog wat verder de grens over en laten zien hoe Nederlandse migranten in Australië zich verhouden tot 'Nederlands' eten – en dan hebben we het niet alleen over bitterballen serveren op recepties.

Het Meertens Instituut, een van de instituten van het KNAW Humanities Cluster, heeft door de jaren heen een specifieke expertise opgebouwd op het gebied van eten en voedsel in relatie tot taal en cultuur in Nederland. Tussen de hoofdstukken door bieden collectie-experts Lidy Jansen en Martine de Bruin de lezer een kijkje in deze keuken. We vinden er recepten en brochures van allerhande organisaties om een bepaald product of advies voor het voetlicht te brengen, maar leren ook welke lekkernijen Roodkapje meenam voor haar oma.

Vanuit een toekomstgerichte blik richten computationeel linguïst Marieke van Erp en antropoloog Rebeca Ibáñez Martín zich ten slotte op veranderende normen over voedsel en gezondheid, waarbij niet alleen de gezondheid van het individuele lichaam, maar ook de gezondheid van de planeet steeds meer centraal staat.

Al dat lezen over eten wekt misschien de eetlust op – ook daar hebben we aan gedacht. Aan het eind van dit boekje voegen we een recept voor oliekoeken toe, een voorloper van onze huidige oliebol. Wie ze uitprobeert, kan zelf ervaren hoezeer onze eetcultuur in beweging is.

Wat schaft de pot? brengt historische, culturele en taalkundige inzichten samen en biedt zo een rijk, smaakvol palet aan perspectieven op eetcultuur in Nederland, en Nederlandse eetcultuur voorbij onze landsgrenzen.

Inleiding

Lidy Jansen en Martine de Bruin

Al meer dan negentig jaar zijn collectiemedewerkers van het Meertens Instituut bezig met het archiveren van onderzoeksmateriaal, het verwerven van archieven en het opbouwen van een bibliotheek ten dienste van zowel de eigen onderzoekers als belangstellenden van elders. Het onderwerp eetcultuur is in de collecties op allerlei manieren vertegenwoordigd.

In de vorm van korte 'tussengerechtjes' presenteren we verspreid door dit boek een keuze uit deze collecties: kaarten en liedbladen en natuurlijk ingevulde vragenlijsten, zowel van het eigen instituut als van andere onderzoeksinstellingen. Speurend door de collecties kwamen we bijzondere vondsten tegen, zoals een oud 'recept' voor een levenselixer, maar ook een verzameling afbeeldingen van gevelstenen met verwijzingen naar voedsel en drank. Neem een kijkje, en voor wie het naar meer smaakt: bezoek de databanken op de website, of kom langs in de bibliotheek.

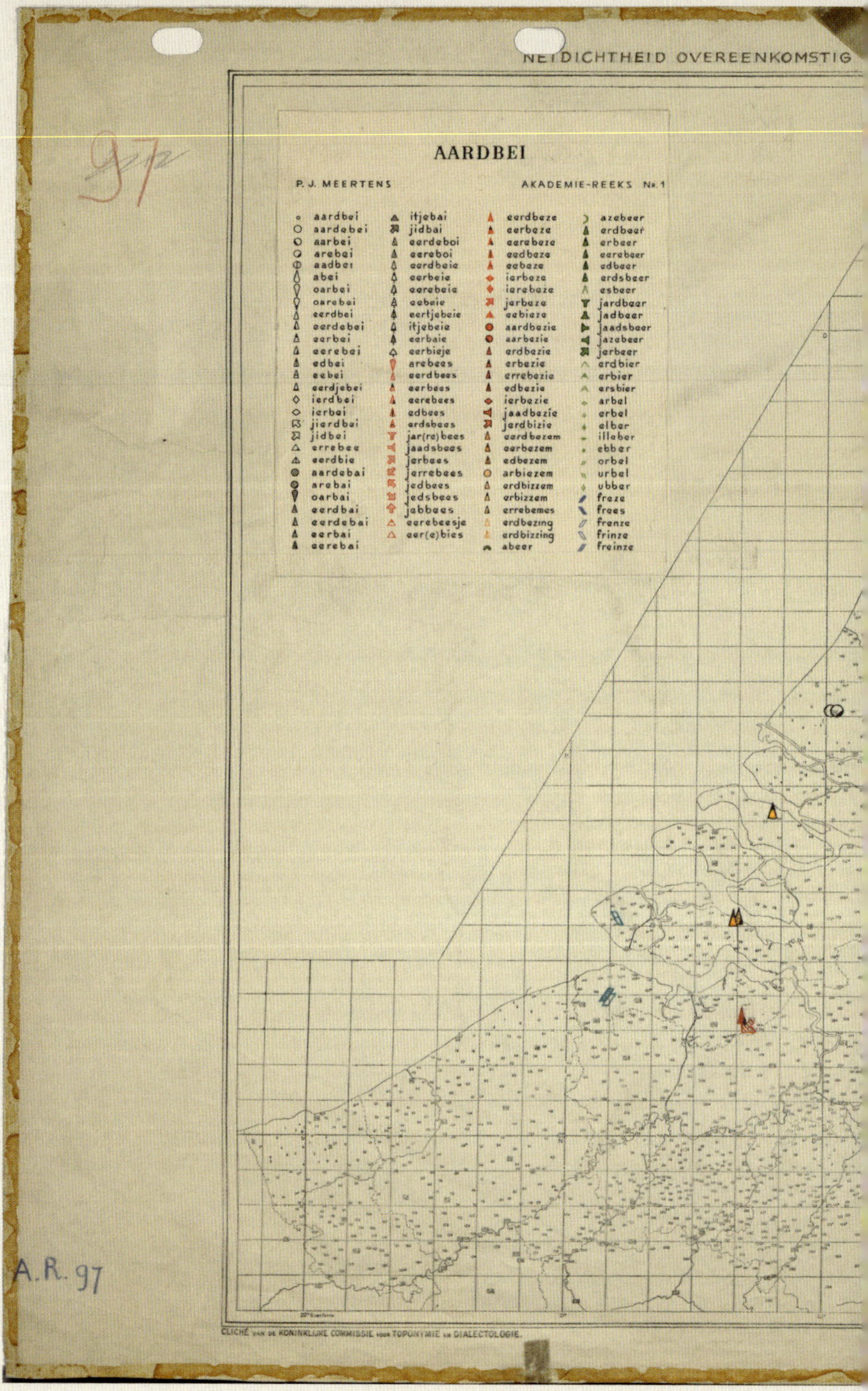

Afb. I: 397 Collectie Taalkaarten Akademiereeks, blad 1: Aardbei.

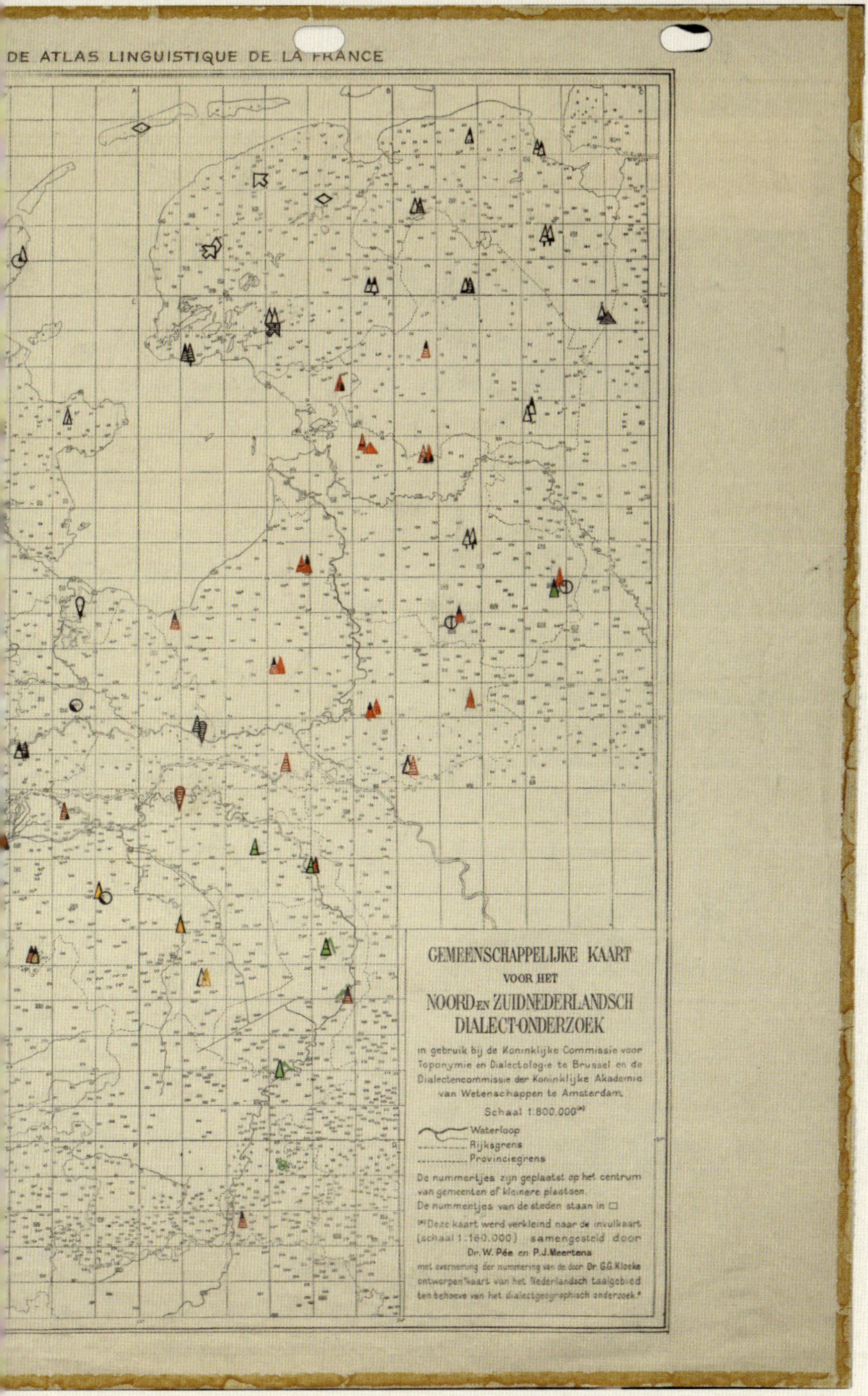
DE ATLAS LINGUISTIQUE DE LA FRANCE
GEMEENSCHAPPELIJKE KAART
VOOR HET
NOORD- EN ZUIDNEDERLANDSCH
DIALECT-ONDERZOEK
in gebruik bij de Koninklijke Commissie voor Toponymie en Dialectologie te Brussel en de Dialectencommissie der Koninklijke Akademie van Wetenschappen te Amsterdam.
Schaal 1:800.000*)
Waterloop
Rijksgrens
Provinciegrens
De nummertjes zijn geplaatst op het centrum van gemeenten of kleinere plaatsen.
De nummertjes van de steden staan in □
*) Deze kaart werd verkleind naar de invulkaart (schaal 1:160.000) samengesteld door
Dr. W. Pée en P.J. Meertens
met overneming der nummering van de door Dr. G.G. Kloeke ontworpen "kaart van het Nederlandsch taalgebied ten behoeve van het dialectgeographisch onderzoek."

Collectie: Taalkaarten

Lidy Jansen

In een ongedateerde 'gemeenschappelijke vragenlijst' van beroemde taalonderzoekers uit ca. 1935 luidde de vraag die P.J. Meertens stelde aan de honderden 'informanten', verspreid over heel Nederland: 'Een aardbei'. De invullers begrepen dat werd gevraagd om het woord dat zij in hun dialect gebruikten voor deze vrucht.

Het antwoord op die vraag leidde tot het overzicht in afb. I. Het moet de maker van de kaart heel wat hoofdbrekens hebben gekost om de soms subtiele verschillen in kaart te brengen: kijk bijvoorbeeld eens naar de symbolen bij 'eerdbei', 'eerdebei', 'eerbei' en 'eerebei'. De grondlegger van de reeks waarin dit kaartblad verscheen, verzuchtte erover:

> *Het optimisme, waarmede wij aan onze eerste objectieve taalkaarten begonnen, werd echter helaas getemperd door het feit, dat in vele gevallen de, toch waarlijk niet kleine, plaats van de legende, eenvoudig ontoereikend bleek om de dozijnen, soms honderden, verschillende taalvormen te bevatten.*
>
> *(G.G. Kloeke, in: Voorbericht bij de eerste aflevering van de Taalatlas van Noord- en Zuid-Nederland, ca. 1939)*

Door het gebruik van verschillende symbolen en kleuren wordt de verspreiding van alle varianten snel duidelijk. Kaarten van dit type staan bekend als verspreidingskaarten. De inhoud kan zowel taalkundig als etnologisch van aard zijn.

Bron: De kaart is onderdeel van de kaartenverzameling van het Meertens Instituut. De originelen bevinden zich in het archiefdepot van het instituut. Een aanzienlijk deel van de kaarten is digitaal beschikbaar via de website meertens.knaw.nl/kaartenbank.

2 Eetbare *nation branding?*

Zeventiende-eeuwse kaasconcurrentie en schepen van suiker

Nina Lamal

In de eenentwintigste eeuw speelt gastronomie een steeds belangrijkere rol als diplomatiek instrument: culinaire tradities en gerechten van een bepaald land worden gebruikt om culturele uitwisselingen en politieke samenwerkingen te bevorderen.[1] In navolging van Aziatische landen zetten steeds meer westerse landen, waaronder België, sterk in op *gastrodiplomacy*, een vorm van eetbare *nation branding*: via voedsel kunnen landen hun identiteit, waarden en geschiedenis tegelijkertijd tonen en promoten. Naast grootscheepse campagnes, zoals voedingsbeurzen, uitwisselingen van internationale topchefs en kookwedstrijden, spelen ambassades een centrale rol: bij recepties en diners worden vaak typische producten en gerechten van het land in kwestie geserveerd. Eten is een krachtig middel om mensen samen te brengen en te beïnvloeden.

Ook in de vroegmoderne tijd werden eten en drinken door diplomaten ingezet om dit te bereiken.[2] Zo schreef de Franse diplomaat François de Callières aan het begin van de achttiende eeuw:

> *De essentie van goed eten is om mensen samen te brengen, ze vertrouwd te maken met elkaar en hun harten te laten openen, dankzij de warmte van de wijn worden vaak belangrijke geheimen onthuld.*[3]

Ondanks dit soort uitingen over het belang van eten en drinken in vroegmoderne diplomatie hebben historici dit vooralsnog weinig tot niet bestudeerd voor de zeventiende-eeuwse Nederlandse diplomatie. Nochtans kunnen we aan de hand van diplomatieke briefwisseling, rekeningen en dagboeken onderzoeken of etenswaren een rol speelden in het vormgeven van de Nederlandse diplomatie. In de zeventiende eeuw manifesteerde de Nederlandse Republiek zich immers als een nieuwe speler op het internationale toneel en ontwikkelde zich in snel tempo tot een machtige handelsnatie. Hoe smaakte dat succes en kunnen we een vorm van culinaire diplomatie ontwaren? Om daarachter te komen worden in deze bijdrage de verschillende manieren bekeken waarop de jonge staat en zijn diplomatieke vertegenwoordigers gebruikmaakten van eten en drinken om politieke en commerciële relaties te bevorderen.

ZUIVEL ALS GESCHENK

Toen de Staten-Generaal in 1610 besloten om een eerste ambassadeur naar Constantinopel te sturen, werd hen al snel duidelijk gemaakt dat ze voor het verkrijgen van commerciële concessies op zoek moesten naar geschenken voor de Ottomaanse sultan. Om hem respect te betuigen was het gebruikelijk om de sultan te overladen met geschenken. Nog relatief onervaren op het diplomatieke toneel en weinig bekend met gewoonten aan het Ottomaanse hof, moesten de Nederlanders hulp inschakelen van informanten, onder wie de Zuid-Nederlandse juwelier Lambert Verhaer, om te weten wat er zoal op de verlanglijst stond van de sultan.[4] Verschillende belangrijke individuen in de Republiek, zoals de rijke oud-burgemeester van Amsterdam Reinier Pauw, waren betrokken bij het aankopen van 'rariteyten van dese landen', een reeks uitzonderlijke objecten uit de Nederlandse Republiek, waaronder porselein, twee paradijsvogels, een kompas, globes, een atlas en tulpenbollen.[5] De boodschap van deze duizelingwekkende reeks van unieke en exotische giften was duidelijk: zij konden tegemoetkomen aan de Ottomaanse vraag voor nieuwe producten omdat zij exclusieve toegang hadden tot de wereldhandel.

Tussen al deze luxueuze objecten zaten ook etenswaren uit de Republiek: gezouten vlees en wel 3.138 pond oude Edammer kaas (verdeeld in 406 stukken) samen met ongeveer tien pond 'schoon Hollandsche boter'. Omdat voedingswaren op het oog maar een klein percentage van het totaal aantal geschenken besloegen, zijn ze mogelijk aan het oog van historici ontsnapt. Toch zijn de enorme hoeveelheden aan de sultan geschonken kaas en boter significant en allicht een eerste vorm van diplomatieke kaasconcurrentie. Verschillende Italiaanse staten, waaronder Venetië, gaven al sinds de vijftiende eeuw Parmezaanse kaas als geschenk aan de Ottomanen.[6] De Nederlanders zullen op de hoogte geweest zijn van de Ottomaanse voorliefde voor harde oude kaas. Ze waren bijna een heel jaar in de weer geweest met het verzamelen van de geschenken en hadden via belangrijke informanten in Constantinopel met kennis van zaken de nodige gegevens verzameld. Het is daarbij niet geheel ondenkbaar dat de Nederlanders als experts in het maken en het verhandelen van kaas hun eigen product, de bekende kaas uit Edam (ook een harde soort), hebben willen promoten.[7] Verder onderzoek moet uitwijzen of deze voedingsmiddelen een belangrijk onderdeel werden van de Nederlandse geschenken aan de Ottomanen in de zeventiende en achttiende eeuw en of de Edammer in de smaak viel.

Elders in de wereld gebruikten de Nederlanders hun zuivelproducten ook om belangrijke commerciële relaties aan te knopen of te behouden. In Japan ondernamen kooplieden jaarlijks een reis naar de hoofdstad Edo vanaf het eiland Deshima om geschenken te overhandigen aan de keizer. Dit was een belangrijk ritueel; de Nederlanders waren in de zeventiende eeuw de enige Europeanen met toestemming om handel te drijven met Japan. Tijdens hun verblijf in de hoofdstad kwamen er met regelmaat ambtenaren langs voor bepaalde voedingsproducten of om getrakteerd te worden op eten en drinken. Getuige de enorme vraag naar Nederlandse boter viel deze blijkbaar het meeste in de smaak.[8] Eindeloze voorraden van dit zuivelproduct vormden samen met andere etenswaren hulpmiddelen om de precaire handelspositie in Japan te onderhouden.

PUBLIEKELIJK VIEREN

Het organiseren van feestelijkheden en banketten voor de plaatselijke bevolking en hoogwaardigheidsbekleders behoorden ook tot het arsenaal van vroegmoderne diplomaten. De militaire overwinningen op zee tijdens de Tweede Engels-Nederlandse Zeeoorlog (1665-1667) waren bij uitstek gebeurtenissen die aanleiding gaven om te vieren. Op 22 juni 1666 besloten de Staten-Generaal om al hun diplomatieke vertegenwoordigers in het buitenland aan te schrijven. Exact elf dagen eerder, op 11 juni, was de Nederlandse vloot onder leiding van admiraal Michiel de Ruyter aangevallen door de Engelse marine, tussen de Engelse en de Vlaamse kust. De strijd tussen de twee vloten was intens en had vier dagen geduurd met wisselende successen voor beide partijen.[9] Tijdens en na de zeeslag speculeerde men over de vraag wie nu de overhand had gehad. Lange tijd claimden zowel de Engelsen als de Nederlanders de overwinning. Met hun brief aan diplomatieke agenten wilden de Staten-Generaal voor eens en altijd duidelijkheid scheppen: zij, niet de Engelsen, hadden gewonnen. In de brief droegen de Staten-Generaal daarom hun diplomatieke agenten op om deze militaire overwinning op de Engelse vloot publiekelijk te vieren 'met vreuchde teeckenen'.[10] In talloze Europese steden – waaronder Brussel, Madrid, Stockholm, Parijs, Livorno en Genua – gaven Nederlandse gezanten gehoor aan deze oproep. Voor de residenties werden pektonnen of vuurwerk aangestoken en vaak ook gratis bier of wijn in overvloed aan de lokale bevolking geschonken. Deze avondlijke spektakels werden gezien als een uitstekend middel om de overwinningsboodschap te communiceren en de plaatselijke bevolking te beïnvloeden. Zo merkte de Nederlandse diplomaat Willem Boreel in Parijs op dat de mensen 'nu beter beginnen te gelooven ende te estimeeren de waerheyt vant gepasseerde gevecht ende succes'.[11]

Terwijl op straat gedronken werd, organiseerden ambassadeurs ook binnenskamers banketten voor collega-ambassadeurs en lokale hoogwaardigheidsbekleders. Zo organiseerde Boreel in Parijs een banket voor de Franse adel en de lokale Nederlandse gemeenschap. De ambassadeurs rapporteren hierover in hun brieven aan de Staten-Generaal of thuisstad, meestal in vrij algemene bewoordingen. We weten hierdoor over het algemeen erg weinig over wat er tijdens deze maaltijden in Nederlandse ambassades geserveerd en gegeten werd. In de Baltische handelsstad Danzig (nu Gdánsk) organiseerde de Nederlandse gezant Philips Pels (1623-1682) ook een feestmaal en hij stuurde een gespecificeerde rekening naar de Staten-Generaal.[12] Af en toe krijgen we dankzij dit soort documenten een beter zicht op wat er zoal op tafel verscheen. Kunnen we aan de hand van dit voorbeeld een soort van culinaire diplomatie ontwaren?

DUUR FEESTMAAL IN DANZIG

Philips Pels was in 1659 zijn vader opgevolgd als commissaris in Danzig. De stad was de graanschuur van Europa en de graanhandel, beter bekend als de moedernegotie, werd vrijwel volledig gecontroleerd door Nederlandse handelaren.[13] Om handel met deze belangrijkste partner in het Baltische gebied te bevorderen, besloten de Staten-Generaal in 1638 om een commissaris aan te stellen. Deze lagere diplomatieke vertegenwoordiger diende zich in principe voornamelijk met commerciële aangelegenheden bezig te houden en relatief vaak werden kooplieden aangesteld.[14] Ook in Danzig was dit het geval: Paulus Pels, afkomstig uit een Brabantse handelsfamilie actief in de Oostzeehandel, werd naar de stad gestuurd.[15]

In deze relatief onafhankelijke en internationale Hanzestad in het koninkrijk Polen-Litouwen waren ook Engelse kooplieden aanwezig en de commerciële rivaliteit met de Nederlanders moet uiterst voelbaar zijn geweest tijdens de oorlog. Francis Sanderson, de Engelse vertegenwoordiger in de stad, hield de activiteiten van zijn rivaal Pels goed in de gaten.[16] Hij rapporteerde in verschillende brieven aan de Engelse regering over de feestelijkheden die de Nederlander met de goedkeuring van het stadsbestuur had georganiseerd op 19 juli. Zo noteerde hij dat Pels' huis een centrum van feestelijkheden werd: de Nederlandse vlag werd opgehangen en onder begeleiding van trompetgeluiden en paukenslagen (maar zonder vuurwerk) werd de plaatselijke bevolking op gratis drank getrakteerd.[17] In die maand was het bijzonder warm in de stad en wegens brandgevaar verboden om vuurwerk af te steken.

In zijn woning organiseerde Pels ook een rijk banket voor de hooggeplaatsten van de stad. Op de gastenlijst stond de naam van de burgemeester van Danzig, samen met die van verschillende andere magistraten, belangrijke burgers, Nederlandse en buitenlandse kooplieden, onder wie ook enkele schippers. Hij spaarde kosten noch moeite om deze individuen te imponeren. Dit was volgens Pels ook nodig omdat de Engelsen hen continu probeerden te beïnvloeden.[18] Het organiseren van een dure feestmaaltijd was niet vanzelfsprekend bij dit soort gelegenheden. Nederlandse vertegenwoordigers werd over het algemeen aanbevolen niet te veel kosten te maken en kregen maar een beperkt budget voor festiviteiten. In sommige gevallen werd daar zelfs helemaal van afgezien omdat ze te duur werden bevonden.[19] Het is dus niet verbazingwekkend dat Pels zijn beslissing om een banket te houden, en de kosten door te sturen aan de Staten-Generaal, uitgebreid verantwoordde. Zo hadden zijn gasten hem verzekerd dat ze nog nooit beter en lekkerder getrakteerd waren geweest, en dat ze erg onder de indruk waren.

Uit de rekening is duidelijk op te maken dat hij voor het organiseren van een feest niet alle benodigdheden in huis had. Het lijkt erop dat Pels als lagere diplomatieke vertegenwoordiger, in tegenstelling tot geaccrediteerde ambassadeurs, geen servies en andere spullen had meegenomen of meegekregen uit Den Haag.[20] Voor deze gelegenheid huurde hij daarom tafels, tafellakens, servetten, borden en glazen. Verder betaalde hij extra personeel om het huis en de tuin te versieren, bloemen op de tafels te plaatsen en de servetten netjes te vouwen. In totaal kostte het hele gebeuren 1513,26 florijnen.[21] In totaal tweehonderd Vlaamse pond, volgens zijn eigen berekeningen, op basis van de wisselkoers. Dit was een enorm bedrag: in dezelfde periode was dit het jaarloon van de scheepsbouwmeester in Danzig.[22] Na ontvangst van de rekening dienden twee leden van de rekenkamer in Den Haag een bezwaar in tegen deze uitgaven. Ze bestempelden deze als 'exorbitant' en buiten proportie, zeker in vergelijking met andere buitenlandse afgevaardigden.[23]

Wat had Pels allemaal laten aankopen en klaarmaken om zijn gasten een duur feestmaal voor te kunnen schotelen?

SYMBOLISCH ETEN

Op het feestmaal van Pels werden artisjokken, citroenen en ander fruit geserveerd, welke gerechten ermee gemaakt werden is niet bekend. Artisjokken waren in de zeventiende eeuw bijzonder populair geworden bij feestmalen. Ze golden als luxe groenten geïmporteerd vanuit het Italiaanse schiereiland. Andere groenten werden niet geserveerd. Gebruikelijk voor dit soort feestmaaltijden was eerder de variëteit en enorme hoeveelheden vlees. Op de rekening zijn kalkoenen, ganzen, verschillende soorten duiven, rundvlees, schaap en kalfsvlees, speenvarkens en spek terug te vinden. Wild, waaronder hazen, patrijzen, hazelhoenen en ree, kon ook niet ontbreken. Hoe ze precies bereid werden weten we niet, maar een deel ervan werd zeker verwerkt in pasteien. Pasteien in allerlei variëteiten waren vaak echte pronkstukken en om

Afb. 2.1: Adriaen van Utrecht, *Pronkstilleven* (detail) (1644). Olieverf op doek, 186 × 243 cm. Rijksmuseum Amsterdam, SK-C-301

Afb. 2.2: Haardsteen met voorstelling van de Hollandse leeuw in de Hollandse tuin (ca. 1600-1625). Aardewerk, 10 × 15.5 × 4.5 cm. Rijksmuseum Amsterdam, BK-2008-24.

die reden ook erg populair bij de elite. De vroegmoderne periode wordt door culinair historicus Ken Albala om die reden ook als *'age of pies'* bestempeld (afb. 2.1).[24] Het maken van pronkpasteien was een echte kunst en Pels betaalde dan ook een aardige som aan de pasteimakers. Hij beschrijft in een brief hoe een van de pasteien versierd was met een leeuw met pijlen in zijn poot, die op een troon zat in een omringende tuin. De zogenoemde Hollandse tuin, met een lage omheining en toegangshek dat beschermd werd door een leeuw, was in deze periode een veelgebruikt politiek motief voor de Nederlandse staat. De tuin, die op talloze pamfletten en penningen werd afgebeeld tijdens de Opstand tegen Spanje, stond symbool voor de vrijheid, veiligheid en welvaart (afb. 2.2). Het toont dat de symbolische inzet aan de dinertafel hoog was: in de gerechten werden de Nederlandse Republiek, haar vrijheid en dus haar identiteit vertegenwoordigd. Symbolische referenties naar de Nederlandse staat waren ook aanwezig in andere gerechten die geserveerd werden tijdens dit banket bij Pels. Op een van de stukken marsepein stonden zeven maagden (die de zeven Nederlandse provincies personifieerden) met wapens en banieren afgebeeld.

Hoogtepunt van de maaltijd waren ongetwijfeld de suikersculpturen die Pels had laten maken. Kunstwerken van suiker waren in de zestiende eeuw in zwang gekomen aan de Italiaanse Renaissancehoven, waar ze bijzondere gelegenheden, zoals dynastieke huwelijken en bijzonder vorstelijk bezoek, luister bijzetten (afb. 2.3).[25] Het imponeren was daarbij minstens zo belangrijk als de smaak. Dit was bij Pels zeker ook het geval. Hij had namelijk de Nederlandse overwinning in de Vierdaagse Zeeslag in suiker laten namaken. Terwijl een door muzikanten begeleide zanger het verhaal van de Vierdaagse Zeeslag bezong, werden de gasten getrakteerd op heuse schepen van suiker, compleet met vlaggen en zelfs geschut, waarvan het bulderen ongetwijfeld in de muziek ten gehore werd gebracht. Zo culmineerde het diner in een audiovisuele, sensorische ervaring die de gasten allicht niet snel zullen zijn vergeten. De Nederlandse militaire macht was hen letterlijk voorgeschoteld op een moment dat Engeland en de Nederlandse Republiek met elkaar streden om economische hegemonie op zee en toegang tot koloniale markten.

Dat de Vierdaagse Zeeslag in suiker werd verbeeld, benadrukte niet alleen de recente Nederlandse triomf, maar ook de economische rijkdom en voorspoed van de jonge Republiek. Ondanks een steeds grotere beschikbaarheid bleef suiker in de zeventiende eeuw namelijk een vrij duur product. Samen met de confituren en specerijen, behoorden deze suikerschepen dan ook tot de duurste producten van dit hele diner. De

>> Afb. 2.3: Een van de meest spectaculaire afbeeldingen van suikersculpturen uit de zestiende eeuw: een hele tafel vol met dieren en bomen gemaakt uit suiker voor de huwelijksfestiviteiten van Johan Willem van Gulik-Berg-Kleef en Jacoba van Baden in 1585. Gravure gemaakt door Frans Hogenberg, opgenomen in Theodor Graminaeus, *Beschreibung derer Fürstlicher Güligscher etc. Hochzeit* (Keulen 1587) [63]. Bayerische Staatsbibliothek München, VD16 G 2797.

Nach verrichtem Mahll ghalden tantz
Ein Thiß War zugerichtet gantz
Mitt Zuckerwerck herlich besetzt
Ahn kunst, kost, arbeit, hoch geschetzt,

Darbei zu sehen der hoc
Vnd alles dar die Weld
Borg, Waldt, Waßer vn
Das Pferdt, der Hertz u

t
acht.
chilt,
vnd wildt,

Was gibt das waßer wilde Waldt
War abgebildet fur gestaldt,
Durch liebe eroffnet sein hertz
Der Pellican vnd leidet schmertz.

kosten bedroegen maar liefst 212 florijnen; ongeveer evenveel als aan al het vlees was gespendeerd.

Tegelijkertijd maakte Pels met zijn suikerspektakel ook reclame voor een bij uitstek 'Nederlands' product. Amsterdam was in zijn tijd namelijk uitgegroeid tot een van de belangrijkste producenten en exporteurs van geraffineerde suiker.[26] Rond het midden van de zeventiende eeuw was de stad verantwoordelijk voor bijna de helft van de geraffineerde suiker die in Europa werd geconsumeerd. Nederlandse handelslieden exporteerden bijzonder veel zoetigheden en specerijen richting Danzig, zoals anijs, gekonfijte suiker, stroop, nougat, etc. Als zijn gasten de smaak van de suiker te pakken hadden gekregen, dan moesten zij allicht aankloppen bij Nederlandse kooplieden. Bijvoorbeeld bij de familie Pels zelf, want de oom van Philips was niemand minder dan Andries Pels (1591-1666), een schatrijke Amsterdamse koopman en suikerbakker. Ook andere leden van de familie waren actief in de Amsterdamse suikerraffinaderijen en dreven handel met Danzig.[27]

Tijdens deze feestmaaltijden werd uiteraard ook bier, dure wijn uit het Rijnland, rode wijn en Franse wijn (die ook gezoet werd met siroop) geschonken.[28] Pels benadrukt in zijn brief dat het bijzonder warm was en dat er veel gedronken werd (misschien om de drankkosten te verantwoorden?). Er zou ook verschillende keren vrijwillig door de aanwezige gasten zijn geproost zowel op het succes van het vaderland en Hoog Mogende Heren als op een mogelijke vrede.[29] Uit Pels' brieven blijkt herhaaldelijk dat men in Danzig hoopte op vrede. Het effect van deze oorlog was namelijk groot voor de stad; de Sont, een van de zeestraten die de Noordzee met de Oostzee verbindt, was door de Deense koning afgesloten voor Engelse schepen, waardoor een deel van de handel stil was gevallen.[30]

Toen ruim een jaar later de Engelsen en Nederlanders vrede sloten te Breda, rapporteerde Pels dat het nieuws op grote vreugde was onthaald in Danzig.[31] Om dit goede nieuws te vieren organiseerde hij opnieuw een publiekelijk feestmaal, en op diezelfde dag staken jonge Nederlandse kooplieden, op hun eigen kosten, vuurwerk af buiten de stad.[32] Het lijkt erop dat Pels wel had begrepen dat hij zijn uitgaven onder controle diende te houden. Helaas voor ons is zijn correspondentie samen met de bijbehorende rekening veel beknopter, waardoor het onmogelijk is om na te gaan of deze maaltijd vergelijkbaar was met het eerdere banket ter ere van de overwinning tijdens de Vierdaagse Zeeslag.[33] We hebben dus een uniek inkijkje gekregen wat er op tafel verscheen bij Pels in de zomer van 1666.

Voedingsmiddelen en de manier waarop ze gepresenteerd worden speelden een belangrijke rol in de politieke en commerciële strategieën van de Nederlandse ambassadeurs in het buitenland. Zo gebruikten ze bekende Nederlandse zuivelproducten om in de gunst te komen bij lokale elites, vriendschappelijke relaties op te bouwen en te behouden, en zeker ook de macht en de reputatie van de Republiek te tonen. Aan tafel bij Pels werden geen typisch Nederlandse gerechten geserveerd, maar ze werden wel in een Nederlandse vorm gepresenteerd. Sommige producten en gerechten waren vooral symbolisch van belang. De suikerschepen waren tijdens de maaltijd visuele herinneringen aan de rijkdom en macht van de Nederlandse handelaren en de staat. Voedingsproducten dienden dus zeker als een vorm van *nation branding*, waarbij ook producten die via de Nederlandse Republiek verhandeld werden bijdroegen aan de eervolle reputatie van deze jonge staat op het internationale toneel.

Collectie: Afbeeldingen van uithangborden en gevelstenen

Lidy Jansen

Voordat het systeem van huisnummers in Nederland ingang vond, werden uithangborden of gevelstenen gebruikt om duidelijk te maken wat of wie hier gevestigd was. De afbeeldingen op gevelstenen deden dienst als reclamebord, als verwijzing naar de familienaam, maar ook als verwijzing naar de religieuze of politieke overtuiging van de bewoner. Er zijn door heel Nederland gevelstenen te vinden die verwijzen naar voedsel of drank. De afbeelding in kleur is een recente foto van een gevelsteen in Amsterdam.

De zwart-witafbeelding van dezelfde gevelsteen is afkomstig uit de collectie die dhr. T. den Herder in de jaren vijftig heeft aangelegd. De collectie bestaat uit anderhalve meter archiefmateriaal, losse bladen die elk naast een foto, prent of tekening ook een beschrijving geven van de steen, en wordt ontsloten met een index.

De collectie is jaren later door een verwante van de auteur als schenking aangeboden en door het Meertens Instituut aanvaard. Voor wie zich er verder in wil verdiepen is het goed om te weten dat de collectie veel afbeeldingen bevat van gevelstenen die niet vanaf de straat zichtbaar zijn. Onze 'eigen' gevelstenen zijn dat wel: de zij-ingang van het Spinhuis in Amsterdam, waar het Meertens Instituut en Huygens Instituut zijn gevestigd, heeft boven de deur een gevelsteen die de oorspronkelijke functie van het gebouw als tuchthuis voor vrouwen uitbeeldt, en het opschrift boven het Oost-Indisch Huis daar vlakbij verwijst naar het eerste leprozenhuis van Amsterdam.

Bron: Meertens Instituut, archiefcollectie 53: Afbeeldingen van uithangborden en gevelstenen

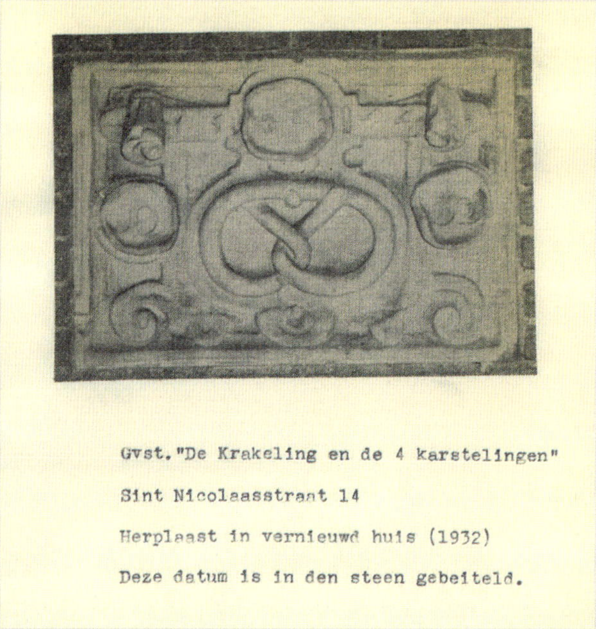
Gvst."De Krakeling en de 4 karstelingen"
Sint Nicolaasstraat 14
Herplaast in vernieuwd huis (1932)
Deze datum is in den steen gebeiteld.

Afb. II: Fiche gevelsteen 'De Krakeling en de 4 karstelingen', Sint Nicolaasstraat 14, Amsterdam. Meertens Instituut Amsterdam, Afbeeldingen van uithangborden en gevelstenen, archiefcollectie 53:10, afbeelding 152. Foto: Peter Jan Margry.

Afb. III: Gevelsteen 'De Krakeling en de 4 karstelingen' in 2023, Sint Nicolaasstraat 14, Amsterdam. Foto: Peter Jan Margry.

3 'De jonge aangeplante boomtjens staan seer cierlijk'

Koloniale sporen in de hedendaagse eetcultuur en archieven

Caro Matulessya

In november 2022 werd de Indische rijsttafel bijgeschreven op de Inventaris Immaterieel Erfgoed Nederland. De Indische rijsttafel is volgens de Inventaris een eettraditie die oorspronkelijk uit voormalig Nederlands-Indië komt. Het wordt bij bijzondere gelegenheden geserveerd en bestaat uit meer dan twintig kleinere gerechten, zoals rendang, vis, tahoe, ei en groenten gecombineerd met rijst of bami.[34] Het opnemen van dit gerecht was bedoeld als erkenning van de eetcultuur van Indische Nederlanders, maar niet iedereen deelde deze visie. Het resulteerde in een emotionele discussie over het toe-eigenen van een eettraditie die onlosmakelijk is verbonden aan het koloniale verleden van Nederland.[35]

Dit koloniale verleden begint bij de oprichting van de Verenigde Oost-Indische Compagnie (VOC, 1602) en de West-Indische Compagnie (WIC, 1621). Deze handelsondernemingen hadden toestemming een monopolie te bemachtigen om handel te drijven in specerijen als nootmuskaat, kruidnagel, peper, foelie en kaneel. Dit resulteerde uiteindelijk in de brute en gewelddadige verovering en bezetting van verscheidene landen, waaronder het huidige Indonesië.

De Indische rijsttafel is niet de enige maaltijd die verbonden is aan deze geschiedenis. Er zijn ook andere gerechten in Nederland die koloniale sporen bevatten zonder dat we erbij stilstaan. Bovengenoemde specerijen worden namelijk tot op de dag van vandaag gebruikt in gerechten. Denk bijvoorbeeld aan nootmuskaat, peper en kruidnagel in een stamppot of nootmuskaat en kaneel in zoetigheden als speculaas of appelmoes. De huidige eetcultuur in Nederland maskeert niet alleen de geschiedenis van het ontstaan, het succes en de heerschappij van de VOC en WIC, maar ook de voortdurende invloed van het koloniale en slavernijverleden op de maatschappij.

Net zoals de specerijen geïnterpreteerd kunnen worden als koloniale sporen, zijn dergelijke sporen ook terug te vinden in het archiefwezen. Discussies over toe-eigening en dekolonisatie spelen daarin een grote rol. Maar daar stoppen de raakvlakken tussen eetcultuur en archief niet. In dit hoofdstuk wordt deze overlap vanuit archivistisch perspectief toegelicht aan de hand van onder andere archieven van de VOC, de Staten-Generaal en het Commissariaat van Ambonezenzorg (CAZ, 1952) uit het Nationaal Archief in Den Haag. Daarbij zal duidelijk worden welke rol voedsel speelde bij het inzetten van archief als machtsinstrument om koloniale verhoudingen in stand te houden. De focus zal liggen op Indonesië en de specerijen die de VOC vanuit dit land verhandelde.

ARCHIEF EN MACHT

Archief heeft door de jaren heen meerdere definities gekend die zowel geheel van elkaar kunnen verschillen als elkaar kunnen overlappen. Binnen het werkveld kan alleen al de vraag 'wat is archief?' uitmonden in discussies. Voor dit hoofdstuk is gekozen voor de definitie van archief als documentair materiaal dat is gecreëerd, ontvangen, gebruikt en/of bewaard door een persoon, familie, organisatie, overheid of andere entiteit bij het uitvoeren van hun dagelijkse werk en/of leven. Dit materiaal is bewaard omdat het waarde heeft als bewijs van en/of informatie over activiteiten en gebeurtenissen.[36]

Naast de bovenstaande functie als bewijs, heeft archief ook andere betekenissen. Archief kan functioneren als een kennisbron of historische bron. Het kan emotionele waarde hebben, voor representatie zorgen of als geheugen dienen. Al deze verschillende functies hebben een machtsfunctie, zowel in positieve als negatieve zin. Archief als waarde, representatie of geheugen kan bijvoorbeeld gemeenschappen bij elkaar brengen, activeren of versterken, maar hen juist ook verzwakken of scheiden. Ook archief als bewijs, historische bron of kennisbron kent twee kanten. Zo kan een archiefstuk, zoals een octrooi, gezien worden als een eenduidig document dat simpelweg iemands bezitsrecht bewijst, maar kan eveneens afgedwongen of simpelweg verzonnen zijn om bezitsrecht te bemachtigen.

EEN STUK PERKAMENT TEN GRONDSLAG AAN EEN MONOPOLIE

De Republiek der Zeven Verenigde Nederlanden en de VOC gebruikten vergelijkbare tactieken als hierboven beschreven om vanuit documentatie en haar verschillende functies macht uit te oefenen. 'Documentair pesten', zoals Riley Linebaugh en James Lowry dit noemen, werd niet alleen ingezet om controle uit te oefenen over de handel, maar ook over de oorspronkelijke bevolking.[37]

De VOC was weliswaar een particuliere handelscompagnie, maar verkreeg bij haar oprichting in 1602 van de Staten-Generaal via een op perkament geschreven octrooi het monopolie op de overzeese handel in Oost-Azië (afb. 3.1). Dit document werd als machtsinstrument gebruikt om een monopolie af te dwingen als recht. Dit gebeurde door het sluiten van verdragen met lokale vorsten voor onder andere het bouwen van forten en vestingen, het opzetten van een eigen rechtspraak en het voeren van oorlog wanneer dit nodig was voor de handel.[38] Met dit stuk perkament vergaarde de VOC in naam van de Republiek en haar regering macht over de overzeese handel in specerijen, het vaarwater en diverse landen, maar ook over de oorspronkelijke bevolking. Zo werd in korte tijd een koloniaal rijk opgezet. Deze macht bleef nagenoeg onbeperkt door het octrooi voor tientallen jaren te verlengen en vast te leggen.

> Afb 3.1: Octrooi verleend door de Staten-Generaal betreffende de alleenhandel ten oosten van Kaap de Goede Hoop en ten westen van Straat van Magallanes voor de duur van 21 jaar. Nationaal Archief Den Haag, Archief van de Verenigde Oost-Indische Compagnie (VOC), 1602-1795 (1811), toegangsnr. 1.04.02, inv.nr. 1

Die Staten Generael der
Vereenichde Nederlanden, allen den ghenen
die dese jegenwoordige sullen werden gethoont, Saluyt. Doen
te weeten, Aengesien den welvaert vande vereenichde
Landen principalyck is bestaende inde Navigatie handelinge
ende commercie, die uyte selve Landen van allen ouden tyden
gedreven, ende van tyt tot tyt loffelyck vermeerdert
syn, niet alleen mette nagebuere Coninckrycken, ende
Lantschappen, maer oock metten ghenen verder van dese
Landen, in Europa, Asia, ende Africa gelegen, ende
dat beneffens deselve, ende naer te thien Jaren herwaerts
by eenige principale Cooplieden der voorsz Landen, liefhebbers
vande Navigatie, handelinge ende commercie
op vreemde Landen, een Compaignie binnen de Stadt
Amstelredam opgericht, met groote costen, moeyten,
ende periculen, byde handt genomen is, de seer
loffelycke Navigatie, handelinge ende trafficque
opte Oost Indien, daervan de apparentie goet ende
groot bevonden synde, waren onlanges daerna by verscheyden
andere Coopluyden, soo in Zeelandt, opte Maeze, als inden
Noorderquartier, ende Westvrieslant, mede gelycke
Compaignien opgericht, ende de voorsz navigatie,
handelinge, ende commercie datelyck byde handt
genomen, Tdwelck by ons geconsidereert, ende
rypelyck overwogen wesende hoe veele de vereenichde
Landen, ende den goeden ingesetenen derselver daeraen
gelegen was, dat deselve navigatie, handelinge,
ende commercie onder een goede generale ordre,
politie, correspondentie, ende gemeenschap beleydt,
onderhouden, ende vermeerdert mochte worden, hadden
goetgevonden daertoe de Bewinthebbers der voorsz
Compaignien voor ons te beschryven, ende deselve te
proponeren, dat oirbaer, dienstelyck, ende proffytelyck,
niet alleen voor de vereenichde Landen, maer oock voor
allen den ghenen die dese loffelycke handelinge bede

Door verordeningen en lokale wetten op te leggen in de veroverde landen kon de oorspronkelijke bevolking blijvend worden onderdrukt. De VOC, zo werd ook in het octrooi vastgelegd, moest al haar activiteiten rapporteren aan de Republiek.[39] Zodoende werd met behulp van één stuk perkament door de Republiek bewijs gecreëerd voor bezitsrecht van de VOC over de overzeese handel in specerijen, het vaarwater, de gekoloniseerde landen en de oorspronkelijke bevolking.[40]

VERDRAGEN EN VERPLICHTINGEN

Op de Banda-eilanden ging het zelfs een stap verder dan bezitsrecht. In 1621 voelde gouverneur-generaal Jan Pieterszoon Coen zich door genoemd octrooi gemachtigd om op 'strafexpeditie' te gaan, na verzet van de oorspronkelijke bevolking. Tijdens deze tocht werden de bewoners vrijwel geheel uitgemoord of verdreven.[41] De manier waarop er met de bevolking werd omgegaan, staat in schril contrast met hoe er over lokale specerijen werd gesproken. Coen schreef bijvoorbeeld voorafgaand aan de strafexpeditie in brieven naar de bewindhebbers van de Republiek dat het het beste zou zijn als 'alle de Bandanesen t'eenenmael van't landt verdreven' zouden worden. Toen in de maanden voor de expeditie de rust even terug leek te keren, betreurde hij dat hij de bevolking niet gerechtvaardigd zou mogen verdrijven.[42]

In een latere, vergelijkbare situatie schreef een VOC-functionaris een advies waarin de oorspronkelijke bevolking op zeer neerbuigende wijze als obstakel voor het monopolie op kruidnagel werd gekarakteriseerd.[43] Een obstakel dat volgens de functionaris uit de weg zou moeten worden geruimd:

> *Het ware te wenschen dat het geheele Eylant van Amboyna onder de ghehoorsaemheydt van de generale Compagnie conde gebracht werden (...) 't soude een overtreffelijck werck zijn, men soude Jaerlijckx omtrent de 5 a 600 bhaar[44] nagelen [kruidnagels] van daer connen trecken; maer dit Moorse gebroetsel moster [moest er] t'eenemael uyt gheroyt [uitgeroeid] ende nieuwe Christenen inghevoert werden, als dan soude men die van Ceram beter connen breydelen [beteugelen], de vreemde handelaers van*

daer weeren, ende het eyndelijcke daer toe connen brengen dat dan alle de nagelen in onse handel vallen ende dat lant van Amboyna in vreede besitten souden.[45]

Ter contrast volgt hier een voorbeeld hoe in een andere document over de specerijen op Banda werd gesproken:

De verdre aanhangende specerije-vrugten, laten hun [zich] nog seer schoon aansien, soo daar van maar de twee derde inkomt, zal den Eijgenaar wel mogen beloven van een goede leverantie, dog 't selve staat in aanstaande October eerst te geschieden. De Jonge Noten-boomtjens nu twee a drij [drie] maanden herwaarts in een behoorlijke distantie, alhier geplant staan seer mooij, en reets gewortelt.[46]

In de marge naast deze passage staat als kern van de boodschap geschreven: 'De jonge aangeplante boomtjens staan seer cierlijk.'

Voorafgaand aan deze gebeurtenissen probeerde de VOC op Banda en de Molukken door middel van verdragen het monopolie op nootmuskaat af te dwingen. Wanneer deze overeenkomsten niet van de grond kwamen of in ogen van de VOC niet werden nageleefd, kwam er militair ingrijpen aan te pas. Op Molukse eilanden werd elk dorp bijvoorbeeld verplicht om onbetaald kruidnagel aan de compagnie te leveren. De teelt en opkomst hiervan hield de VOC nauwkeurig bij.[47] Ook werd er gebruikgemaakt van zogenoemde herendiensten: arbeid die, ook al stond er een kleine vergoeding tegenover, vaak van de oorspronkelijke bevolkingsgroepen werd afgedwongen.[48] Deze verplichting tot de dienst en de werkzaamheden zelf werden ook nauwkeurig bijgehouden en in rapporten aan de kamers van de VOC in Nederland opgenomen.[49]

RECHTSPRAAK EN WETGEVING ALS ADMINISTRATIEF OBSTAKEL

Nu de macht gevestigd was, wilden de VOC en de Republiek deze ook behouden. Dit deden ze door de onteigening van gemeenschappen en door een tactiek van verdeel en heers tussen het VOC-personeel en de bevolking. Dit kwam tot uiting in verplichte registraties om eigendomsrechten van slavenbezitters te reguleren en een verbod op het bezit van slaafgemaakten voor specifieke groepen mensen met een ander geloof dan het christelijke. Ook de vrijheid om te trouwen en gedoopt te worden zonder toestemming van de gouverneur werd afgeschaft. Deze onderdrukking werd volgens historicus Elisabeth Heijmans ingezet omdat 'Nederlandse koloniale wetgevers (...) geïnteresseerd waren in het verkrijgen van winst uit de samenleving die ze bestuurden'.[50] En daarom, zoals Heijmans verder schrijft, werd ingezet op 'het creëren van een administratief obstakel in de vorm van huwelijkswetgeving (...) om invloed uit te kunnen oefenen op de relaties tussen de lokale bevolking, het VOC-personeel en vrije en onvrije mensen'.[51] Deze uitoefening van macht over de oorspronkelijke bevolking door middel van wetten een 'administratief obstakel' noemen is nogal mild uitgedrukt. Vooral op emotioneel en representatief vlak is dit een voorbeeld van archief als machtsinstrument.

'ADMINISTRATIEVE OBSTAKELS' VOOR MOLUKKERS IN NEDERLAND

De doorwerking van deze koloniale machtstactieken en de relatie met eten is ook terug te vinden in een recentere geschiedenis, namelijk die van de verplaatsing van Molukse KNIL-soldaten en hun gezinnen naar Nederland na de Indonesische Onafhankelijkheidsoorlog (1945-1949). De Molukkers moesten na het verklaren van de onafhankelijkheid noodgedwongen naar Nederland en kwamen hier vanaf begin jaren vijftig met de boot aan. Ze werden tijdelijk, zo werd hen beloofd, ondergebracht in kampen en woonoorden. Ze mochten deze locaties niet zonder toestemming verlaten en stonden onder constant toezicht. De regering zette het CAZ op om deze groep te monitoren en de voorzieningen te regelen. Om te voorkomen dat Molukkers zich met Nederlanders zouden vermengen of integreren, wierp de Nederlandse overheid ook hier 'administratieve obstakels' op. Deze controlerende en beperkende maatregelen waren allesomvattend, van geestelijke en sociale zorg tot scholing en nutsvoorzieningen. Zelfs het voedsel werd gecontroleerd.

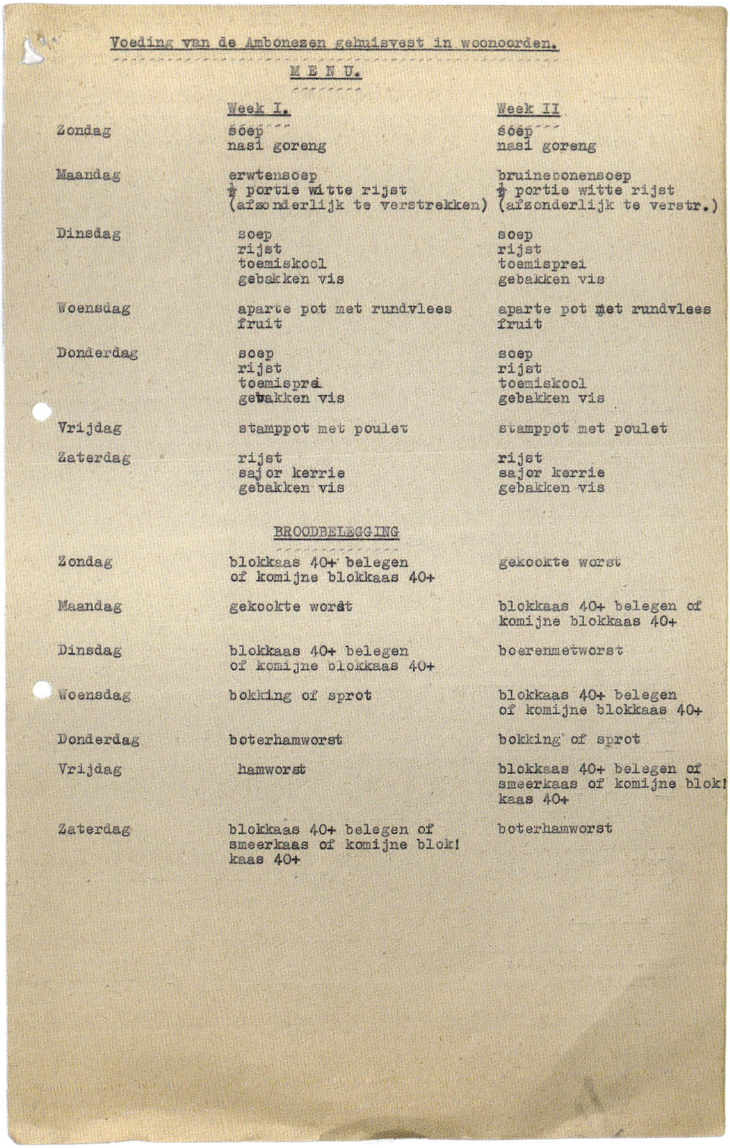

Voeding van de Ambonezen gehuisvest in woonoorden.

MENU.

	Week I.	Week II
Zondag	soep nasi goreng	soep nasi goreng
Maandag	erwtensoep ½ portie witte rijst (afzonderlijk te verstrekken)	bruinebonensoep ½ portie witte rijst (afzonderlijk te verstr.)
Dinsdag	soep rijst toemiskool gebakken vis	soep rijst toemisprei gebakken vis
Woensdag	aparte pot met rundvlees fruit	aparte pot met rundvlees fruit
Donderdag	soep rijst toemispre gebakken vis	soep rijst toemiskool gebakken vis
Vrijdag	stamppot met poulet	stamppot met poulet
Zaterdag	rijst sajor kerrie gebakken vis	rijst sajor kerrie gebakken vis

BROODBELEGGING

Zondag	blokkaas 40+ belegen of komijne blokkaas 40+	gekookte worst
Maandag	gekookte worst	blokkaas 40+ belegen of komijne blokkaas 40+
Dinsdag	blokkaas 40+ belegen of komijne blokkaas 40+	boerenmetworst
Woensdag	bokking of sprot	blokkaas 40+ belegen of komijne blokkaas 40+
Donderdag	boterhamworst	bokking of sprot
Vrijdag	hamworst	blokkaas 40+ belegen of smeerkaas of komijne blok! kaas 40+
Zaterdag	blokkaas 40+ belegen of smeerkaas of komijne blok! kaas 40+	boterhamworst

Afb. 3.2: Voeding van de Ambonezen gehuisvest in woonoorden. Nationaal Archief Den Haag, Archief van het Commissariaat van Ambonezenzorg, (1949) 1952-1970 (1985), toegangsnr. 2.27.148, inv.nr. 8048.

Ook hier werden koloniale administratieve strategieën hergebruikt om de macht te houden over de Molukse gemeenschap. Zo werden het voedsel en de specerijen waar hun voorouders voor waren verjaagd en gedood, of die zij gedwongen hadden verbouwd, niet opgenomen in het voorgeschreven dieet van de (gedwongen) naar Nederland geëmigreerde Molukkers. Het CAZ-archief bevat meerdere documenten en correspondentie die over de voedselverstrekking aan 'de Ambonezen' gaan. Voorschriften hieromtrent werden vastgelegd in regelingen en voorschriften, en gehandhaafd door inspecteurs. Er waren vaste weekmenu's (zie afb.3.2). Men kon daar alleen van afwijken als er toestemming was van een arts en de inspecteur.[52] Wederom kreeg deze gemeenschap beperkt toegang tot het eigen inheemse voedsel door 'administratieve obstakels'.[53]

In 1956 werd de 'zelfzorg' ingevoerd. De regeling dwong Molukkers om het huishouden uit eigen, geringe inkomsten te betalen.[54] Dit leidde in verschillende woonoorden tot een hongerstaking als protest. In een inspectierapport van dat jaar aan het commissariaat verklaarden meerdere contractartsen dat er geen bijzonderheden werden opgemerkt in de voedingstoestand:

> *'Het viel het hoofd van sectie V op dat er niettegenstaande het verbod van de kampraden om de kinderen buiten de woonvertrekken te laten spelen, toch zeer veel kinderen buiten waren, luidruchtig ravotten, hetgeen niet direct op honger en verzwakking wees.'*[55]

Het rapport ontkende verder dat er honger was in de woonoorden, waardoor eventuele benodigde maatregelen uitbleven: 'Er is geen hongerstaking (...) overal ligt opgekochte vis te drogen, terwijl de door het CAZ verstrekte meestal betere soort vis werd geweigerd en door teruggeven aan bederf werd prijsgegeven.' Een bewoner van woonoord Westkapelle verklaarde desgevraagd over de medische toestand van de bewoners 'dat medisch alles goed is, dat kinderen en zuigelingen het goed maken, alleen het binnenste "en hiermede wees hij op zijn hart" is niet goed en dan is alles ziek.'[56]

De verdere inbedding van de Molukse eetcultuur, naast die van de Indonesische en Indische (lees Nederlands-Indonesische) eetcultuur in Nederland, is de nalatenschap van de Molukse gemeenschap die zoals wij nu weten niet terug heeft kunnen keren.

KOLONIALE SPOREN VAN MACHT

In de geschiedenis van het archiefwezen werd een archief of document pas erkend als kwalitatief, objectief en authentiek wanneer het eigenaarschap zo veel mogelijk bij erkende archiefinstellingen lag.[57] Voor de kolonisator was dit een goed excuus om na dekolonisatie zo veel mogelijk archief weg te houden van de gekoloniseerde landen.[58] Tegenwoordig wordt echter breed erkend dat archiefmateriaal en archiefinstellingen niet objectief kunnen zijn of dat authenticiteit en kwaliteit gewaarborgd zijn door waar het archief is gehuisvest.[59] Mede door de opkomst van digitalisering wordt in de praktijk een digitale versie van een document nu ook gezien als een bruikbare en waardige representatie van het origineel. Deze verandering legt de waarde van eigenaarschap bij het individu, de gemeenschap of het land waar ze zijn ontstaan en betrekking op hebben. De waarde van koloniale archieven is daarmee niet langer afhankelijk van de archiefinstelling die ze beheert (vaak de voormalige kolonisator). De documenten die in dit hoofdstuk aan bod kwamen zijn nog steeds in Nederlandse handen, waarmee de macht bij de vroegere overheerser blijft.[60] Zoals eerder beschreven kan archief als representatie gemeenschappen bij elkaar brengen, activeren of versterken; door restitutie te weigeren en eufemistisch taalgebruik te bezigen staat de voormalige kolonisator deze functie van archief in de weg, wat een gemeenschap kan verzwakken of scheiden. Door de gemeenschap geen of minder (gemakkelijk) toegang te geven tot de archieven waar zij eigenaarschap of mentaal eigenaarschap over hebben, worden de koloniale machtstactieken opnieuw ingezet, en de oude machtsverhoudingen in stand gehouden.

Net zoals er in de hedendaagse eetcultuur in Nederland sporen zijn achtergebleven van kolonialisme, zijn ook in archief koloniale overblijfselen zichtbaar. Archief werd als tactiek gebruikt om een koloniale macht op te zetten, af te dwingen en te behouden. Zo werd het ingezet als bewijs in de vorm van octrooien, wetten en verordeningen die alleenrecht over zee en grondgebied afdwongen. Ook werd archief gebruikt als een middel om documentair te pesten, om gemeenschappen te verzwakken en te scheiden zodat deze blijvend konden worden onderdrukt. Dit allemaal met het doel om een koloniaal rijk te stichten en een handelsmonopolie te bemachtigen, wat uiteindelijk heeft geresulteerd in de opname van specerijen, gerechten en de toe-eigening van eettradities in de hedendaagse eetcultuur in Nederland. Ook bij de Molukse gemeenschap in Nederland werden koloniale tactieken ingezet, maar hier kregen de Molukkers juist beperkt of geen toegang tot inheemse ingrediënten of gerechten.

Eten speelde in alle opzichten een centrale rol in het gebruik van archief als machtsinstrument, dat tot op de dag van vandaag zijn sporen heeft nagelaten. Niet alleen in de vanzelfsprekendheid van specerijen in Nederlandse gerechten, maar ook in de hedendaagse discussies over het al dan niet toe-eigenen van eettradities en het creëren van documentatie als bewijs dat een koloniaal product waarde heeft als Immaterieel Erfgoed Nederland.

Collectie: Roodkapje-boeken

Lidy Jansen

De broodkruimels van Klein Duimpje, het koekhuisje waarmee Hans en Grietje worden gelokt, de altijd rijk gevulde tafel in Tafeltje-Dek-Je: er zijn veel sprookjes waarin eten, of het gebrek eraan, een belangrijke rol speelt. Dat geldt ook voor Roodkapje. Wat zat er in het mandje dat ze meekreeg naar haar zieke grootmoeder? De teksten en illustraties in de boeken, afkomstig uit de grote verzameling Roodkapje-verhalen van het Meertens Instituut, laten een grote variatie

Afb. IV: Drie voorbeelden van Roodkapjeboeken. Meertens Instituut Amsterdam, bibliotheekcollectie, 3987 Roodkapje Foto: Peter Jan Margry.

zien. Meertens-onderzoeker Folgert Karsdorp, die in 2016 promoveerde op de veranderingen in de hervertellingen van Roodkapje, telde bijna honderd verschillende lekkernijen, die laten zien hoe smaak en het denken over gezonde voeding veranderde in de loop van de tijd: de appeltaart of koekjes zijn in moderne versie wel eens spacekoekjes geworden, rode wijn werd bessensap en varkensreuzel kom je niet meer tegen.

In 2019 ontving het Meertens Instituut een grote schenking boeken waarin het verhaal van Roodkapje centraal staat. Ze waren afkomstig van een privéverzamelaar die de ruim zevenhonderd titels had aangevuld met uitgebreide documentatie over allerlei details. Deze bijzondere collectie heeft uiteraard een plek gekregen in de bibliotheekcollectie. Voor het promotieonderzoek van Karsdorp kwamen ze net te laat beschikbaar. Voor anderen, waaronder stagiairs en artists-in-residence van het Meertens Instituut, blijkt de collectie sprookjes en volksverhalen telkens weer een rijke bron voor nieuw onderzoek.

Bron: Bibliotheek Meertens Instituut

4 'Raupen doeng 't holleken gaupen'

Voedselgerelateerde spreekwoorden in Nederlandse en Vlaamse dialecten

Stef Grondelaers en Jeroen van Craenenbroeck

De figuurlijke betekenis van spreekwoorden zoals *de pijp aan Maarten geven* of *leven als God in Frankrijk* is van oudsher een geliefd onderzoeksdomein voor taalwetenschappers, maar in dit hoofdstuk kijken we met een iets andere blik: spreekwoorden vertegenwoordigen geconventionaliseerde maar onbewuste processen van betekenistoekenning, en in die hoedanigheid kunnen we ze gebruiken om te peilen naar de diepere culturele bedrading van Vlamingen en Nederlanders. We concentreren ons in dit verband op dialectspreekwoorden die voedingswaren bevatten. De verschillen tussen de Nederlandse en Vlaamse eetcultuur zijn legendarisch, maar komen ze ook tot uiting in de idiomatische uitdrukkingen van dialectsprekers?

EEN DATABANK VOL SPREEKWOORDEN

We baseren dit onderzoek op een databank met meer dan zevenduizend spreekwoorden. Deze zijn afkomstig uit de dialecten van dertien gemeenten en steden in Nederland en Vlaanderen (Corver et al., 2017), verzameld voor het onderzoeksproject *De syntaxis van spreekwoorden*, dat van 2012 tot 2016 aan de universiteiten van Leuven en Utrecht werd uitgevoerd (Corver et al., 2019). De dertien onderzochte dialecten, weergegeven op afb. 4.1, zijn gesitueerd in alle windstreken van het

Nederlandse taalgebied en vertegenwoordigen zo de voornaamste dialectgebieden in Nederland en Vlaanderen.

Voor elk van deze dertien plaatsen hebben de onderzoekers een dialectwoordenboek of vergelijkbaar naslagwerk geraadpleegd en daar handmatig alle spreekwoorden uit geselecteerd. Dat leverde 7.333 voorbeelden op, waarvan 6.344 in Vlaanderen, maar slechts 989 in Nederland; verderop komen we nog even terug op een mogelijke verklaring voor dit verschil.

Afb. 4.1: De dertien dialecten uit het project *De syntaxis van spreekwoorden* (bron: Database of Dutch Dialect Idioms edu.nl/u9cah).

Als we echter alleen de spreekwoorden bekijken die een herkenbaar voedingsproduct bevatten – zoals de Deventerse uitdrukking *de melk optrekken*, wat 'zijn belofte niet nakomen' betekent – dan worden de verschillen tussen Vlaanderen en Nederland plots een stuk kleiner: gemiddeld bevat tussen de vier en de vijf procent van alle dialect-uitdrukkingen een voedingsmiddel, en dit geldt zowel voor Vlaanderen als voor Nederland. Het zijn de 332 spreekwoorden met een voedingsproduct die het vertrekpunt vormen voor ons onderzoek.

EEN KIP IS EEN BABY, MAAR RAPEN ZIJN RAPEN

In zowel Vlaanderen als Nederland heeft een grote meerderheid van de uitdrukkingen een overdrachtelijke betekenis. Zo is een Groesbeekse dame die *met kip zit* niet zwanger van pluimvee, maar van een menselijke baby. Als je in Dendermonde, Lede, of Tessenderlo *in de patatten zit*, dan bevind je je niet letterlijk tussen de aardappelen, maar dan ervaar je moeilijkheden. Slechts 14 procent van de spreekwoorden in Nederland, en 12,5 procent van de Belgische uitdrukkingen gaan ook in hun figuurlijke betekenis over eten en/of drinken. Wie in Dendermonde te laat thuiskomt (na cafébezoek?) zou wel eens kunnen ontdekken dat *zan patatte ôn 't mauzegat stoën*, ofwel dat zijn aardappelen aan het 'muizengat', de opening waarlangs afvalwater afgevoerd wordt, staan. De maaltijd is met andere woorden voorbij en opgeruimd, en de laatkomer krijgt niets meer. En een Utrechtenaar die *in zijn raap geslagen heeft*, heeft te veel gegeten. Ook hier worden *mauzegat* en *raap* natuurlijk niet letterlijk gebruikt, maar de betekenisoverdracht blijft wel dichter bij huis, namelijk bij eten en drinken.

Een aantal uitdrukkingen gaat nog een stap verder, in die zin dat er van betekenisoverdracht zelfs geen sprake meer is: de voedingswaren die voorkomen in de spreekwoorden worden in hun letterlijke betekenis gebruikt. Het is op dit terrein dat we voor het eerst duidelijke verschillen tussen Vlaanderen en Nederland zien. De spreekwoorden waar het over gaat, komen in twee subtypes voor. Het eerste betreft de winderigheid opwekkende werking van een aantal knol- en koolgewassen, met name rapen, bieten, bonen, en spruiten:

(1) *Raupen doeng 't holleken gaupen (Aalst)*
(2) *Ropen doen 't gat gopen (Lede)*
(3) *Ieder boentjen es een toentjen (Aalst)*
(4) *Spruiten doen 't gat fluiten (Lede)*

Een tweede klasse van spreekwoorden waarin voedingsmiddelen hun letterlijke betekenis behouden, betreft veelal typische jargonwoorden en -uitdrukkingen uit vroegere tijden:

(5) *Het bier verzoelt [wordt warm] (Brugge)*
(6) *Alles heit zennen toid, gelèk de breembeizen [bramen] (Leuven)*

Een van de opvallendste conclusies van ons onderzoek is dat beide types spreekwoorden – de winderige en die met jargon – uitsluitend in Vlaanderen voorkomen, en daar bovendien ook goed verspreid zijn. Misschien hanteerden de Vlaamse woordenboeksamenstellers een iets ruimere definitie van het begrip 'spreekwoord' dan hun Nederlandse collega's. Zoals hierboven reeds aangegeven zijn de Vlaamse materiaalverzamelingen duidelijk groter dan de Nederlandse. Dat zou deels het gevolg kunnen zijn van het feit dat de Vlaamse woordenboeken vaste verbindingen en jargon bevatten die strikt genomen geen spreekwoorden zijn. Anderzijds is het feit dat ze dat niet-figuratieve materiaal wel opnemen, tekenend voor een cultuur waarin voedsel zeer diep verankerd zit. Even veelbetekenend is het feit dat de winderige bijwerking van knol- en koolgewassen niet in Nederlandse zegswijzen geregistreerd is. Nederlanders zijn zich uiteraard bewust van die werkzaamheid, en ze verheerlijken dat gaspotentieel ook geregeld in creatieve naamgeving – denk aan *raasdonders* voor kapucijners – maar het vereeuwigen (en daardoor standaardiseren?) van winderige wijsheden is misschien een brug te ver.

Afb. 4.2: Rapen. Foto: Pixabay.

OVER PRUIMEN GESPROKEN

Wanneer we kijken naar het *soort* voedingsmiddelen waarnaar verwezen wordt in de spreekwoorden, dan zien we opnieuw grote verschillen tussen Vlaanderen en Nederland. Tabel 4.1 geeft een overzicht van alle voedingswaren die minstens twee keer in de databank voorkomen samen met hun aantal voorkomens in Vlaamse (VL) en Nederlandse (NL) spreekwoorden.

Tabel 4.1: Soorten voedingswaren in Vlaamse en Nederlandse dialectspreekwoorden

Voedsel	VL	NL	Voedsel	VL	NL	Voedsel	VL	NL
aardappel	24	0	haver	3	0	pruim	1	4
akkervrucht	4	0	honing	2	0	raap	9	1
appel	10	1	kaas	3	0	saus	6	0
beslag	2	0	kip	3	1	soep	2	0
bier	11	0	koek	12	0	sop	2	0
bok	0	2	kool	2	0	spek	10	5
boon	11	0	kriek	3	0	suiker	1	1
boter	14	1	kruiden	2	0	ui	3	0
brood	30	4	melk	9	2	vet	3	2
ei	13	5	metworst	0	2	vis	5	0
erwt	7	0	mossel	2	0	wijn	2	0
gebakje	2	0	mosterd	1	1	zout	5	0
gerst	1	1	pap	6	0	zuurdesem	4	0
graan	3	0	peer	3	0			
haring	2	0	peper	3	0			

Spek, eieren, brood en pruimen zijn de levensmiddelen die het vaakst in Nederlandse spreekwoorden worden aangetroffen. In België zijn dat brood, aardappelen, boter en eieren. Nederlandse spreekwoorden bevatten voedsel dat in de Vlaamse keuken geen rol speelt – zoals metworst of beschuit – maar etenswaren die Belgen typisch met Nederland associëren, vinden we uitsluitend (kaas en haring) of overwegend (boter) in

Belgische spreekwoorden terug. Aardappelen zijn zelfs volledig afwezig in de Nederlandse zegswijzen in ons onderzoek. Dat betekent uiteraard niet dat er in Nederland helemaal geen dialectspreekwoorden bestaan waarin aardappelen voorkomen, maar ze zijn duidelijk minder frequent dan in Vlaanderen. Wanneer we er bijvoorbeeld een online overzicht van dialectgezegden met aardappelen op naslaan,[61] dan blijken 38 van 49 voorbeelden uit Vlaanderen te komen, en tien van de elf Nederlandse voorbeelden bovendien uit Zeeland of Noord-Brabant, en dus grenzend aan Vlaanderen.

Pruimen zijn het op een na meest aangetroffen voedsel in onze Nederlandse spreekwoorden. Ze hebben allemaal met praten of zwijgen te maken. Zo betekent *gin pruim* zegge 'geen woord zeggen' en *vaen de pruim spiertse* 'zeggen waar het op staat' in het Groesbeeks; *geen pruim voor 'n ben vol zijn* betekent 'zeer zwijgzaam zijn' in het Utrechts. Een kanttekening die hierbij geplaatst moet worden is dat het in een aantal van deze spreekwoorden mogelijk over de tabakspruim gaat: die valt uiteraard buiten het bestek van dit verhaal.

In de rest van dit hoofdstuk proberen we een verklaring te vinden voor de hierboven geschetste verschillen tussen Vlaamse en Nederlandse voedselspreekwoorden.

BREEKBARE EIEREN EN MINUSCULE ERWTEN

Sinds Lakoff & Johnson (1980) weten we dat spreekwoorden en metaforen niet louter stijlbloempjes zijn die dienen 'om een tekst te tooien met de versierselen van de stijl' – zoals Cicero ons leert in het *elocutio*-hoofdstuk van *De Oratore* – maar dat ons *hele denken* metaforisch dooraderd is. Als mensen hebben we namelijk de gewoonte om over complexe, vaak abstracte fenomenen te spreken door middel van concrete, alledaagse woorden. Lakoff (1987) heeft het in dat verband over 'conceptuele metaforen', die de relatie tussen de twee betekenissen expliciet maken. Een uitdrukking als *hij is een heethoofd* is bijvoorbeeld te begrijpen vanuit de conceptuele metafoor WOEDE IS HITTE: we gebruiken een concrete zintuiglijke ervaring (hitte) om een meer abstract gevoel (woede) te beschrijven. Gezien de centrale rol die voeding speelt in ons leven, hoeft het niet te verbazen dat ook voedingsmiddelen een rijke bron van conceptuele metaforen vormen. Laten we in dat verband eerst een aantal spreekwoorden met eieren bekijken, het enige voedseltype dat zowel in Nederland als in Vlaanderen ruim vertegenwoordigd is in ons materiaal:

(7) *Op eieren lopen/gaan (Bree, Leuven)*
(8) *Hij 's bang veur zien aierkörf (Warffum)*
(9) *Er zijn daar geen eieren/eiers aan gebroken (Brugge)*
(10) *A eir'n nie ammel onder dezeld' oenjer leggen (Lede)*
(11) *Met een ei zitten (Bree)*
(12) *Een ei ophebben (Brugge)*
(13) *Iemand 't ei uit zij gat vrogen (Lede)*
(14) *Een ei in z'n gat kenne gaar koke (Utrecht)*

Van eieren weten we dat ze breekbaar zijn, en dat kippen moeite moeten doen om ze te leggen – het kost een hen naar verluidt anderhalf tot twee uur om een ei te produceren. Elk van die twee ingrediënten vormt de basis voor een groep spreekwoorden. De breekbaarheid van eieren motiveert (7)-(9): *op eieren lopen* moet voorzichtig gebeuren gezien de fragiliteit van dat voedsel, *bang zijn voor de eierkorf* – wat zoveel betekent als 'zorg dragen voor de gezondheid' – brengt het lichaam als een fragiel gegeven in beeld, en *daar zijn geen eieren aan gebroken* suggereert dat iets (ondanks een zekere kwetsbaarheid?) niet verhinderd is. Dat eieren afkomstig zijn van kippen of ander pluimvee, en dat het proces van het eieren leggen inspanning kost, motiveert de groep in (10)-(14). Niet alles op één paard inzetten neemt in Lede de vorm aan van *niet alle eieren onder één oenjer [eend] leggen* (waarbij het proces van het eieren leggen omgedraaid wordt, aangezien de eend de eieren niet legt, maar ondergeschoven krijgt). Het inspanningsaspect, en dan met name het idee dat eieren gezien hun omvang enkel met enige moeite ter wereld komen, is beeldend weergegeven in (11), dat het duuraspect van 'zorgen hebben' als een lastig te leggen ei uitbeeldt. Bij *een ei ophebben* is het niet duidelijk of het desbetreffende ei niet doorgeslikt, dan wel niet afgescheiden kan worden, maar het ongemak dat optreedt wanneer een té groot voorwerp vastzit op ongebruikelijke plaatsen in ons lichaam, is een treffend beeld voor verlegenheid of beteuterd zijn. In (13) wordt de moeite van het afscheiden nog vergroot doordat er van buitenaf druk wordt gezet in een poging om het proces te versnellen. En in (14) is het verlengde verblijf van een ei in de dienstuitgang (waar het verkeer in elk geval traag gaat) op vergelijkbare wijze een beeld voor benauwdheid. Samenvattend kunnen we stellen dat de spreekwoorden in respectievelijk (7)-(9) en (10)-(14) te begrijpen zijn vanuit de conceptuele metaforen FRAGILITEIT IS EEN EI en ONGEMAK IS EIEREN LEGGEN.

Wat dit eiervoorbeeld mooi laat zien is dat voedingswaren zelden gratuit ingezet worden in spreekwoorden, maar dat hun betekenis gemotiveerd is. Neem bijvoorbeeld de Leedse uitdrukking *mee 'n eirt in zij gat lu'epen* (letterlijk: met een erwt in zijn gat lopen). De moeite die het kost een groot voorwerp af te scheiden, is omgekeerd evenredig met de inspanning die nodig is een klein voorwerp op te houden: wie met een erwt in zijn gat loopt, moet de billen dichtknijpen, bijvoorbeeld uit angst (zoals in dit voorbeeld het geval is). Andere erwtenspreekwoorden richten zich dan weer op de kleine omvang van de groente, als in *T'es nogal een erwt*, dat Aalstenaren gebruiken om aan te geven dat iets te onbelangrijk is om te benoemen. Door ironische omkering kan een erwt dan ook iets groots of belangrijks gaan betekenen, zoals in de andere Aalsterse spreekwoorden *een eirt riskeren* voor 'iets wagen' of 'risico nemen', of *een eirt kosten* voor 'veel kosten'. Al deze spreekwoorden zijn met andere woorden te begrijpen vanuit de conceptuele metafoor KLEINE OMVANG IS EEN ERWT.

Ook de Vlaamse aardappelspreekwoorden zijn te begrijpen vanuit een aantal conceptuele metaforen. De spreekwoorden in (15)-(19) zijn bijvoorbeeld gebaseerd op onze kennis van de relatieve hardheid van de aardappel als metafoor voor slaag (in (15)) of de klap waarmee men op de grond kan vallen (16). Van slaag of slag is het maar een kleine metonymische stap naar het resultaat van mishandeling (de dood in (17)), of de metaforische dood van de dronkenschap in (18).

(15) *Ne vrie'e pataat geven (allerlei varianten in Lede, Tessenderlo)*
(16) *Ne patat goën (Dendermonde)*
(17) *Patat zaain (Dendermonde)*
(18) *Patat zijn (Brugge)*

Een tweede groep uitdrukkingen verbindt onze kennis over het groeiproces van de aardappel, en met name het feit dat die na ongeveer vier weken bovengronds verschijnt, met het buitengaats opduiken van een grote teen door een gat in een sok:

(19) *Zen patatten kommen oit (Aalst, Bree, Lede)*

In het bijzonder productieve patroon in (20) ten slotte – dat in heel Vlaanderen aangetroffen wordt – vormt de aardappel een referentiepunt voor metonymische uitbreiding naar de bereiding van aardappelen, en dan met name het weggieten van het ziedende en schuimende kookvocht dat geprojecteerd wordt op de (hogedruk)lozing van urine.

(20) *A patatten afgieten (Aalst, Lede, Tessenderlo, Wambeek)*

De grootste groep metaforen in onze materiaalverzameling bevat allerlei soorten brood als centraal element. Dat hoeft niet te verbazen: brood is een centraal onderdeel van zowel de Nederlandse als de Vlaamse eetcultuur, en dankzij christelijke ideologieën is het ook een van de bekendste metaforen (voor het lichaam van Christus). In een grote groep verwante uitdrukkingen wordt brood metonymisch gebruikt: de typische serveerwijze van brood – een platte snede die vervolgens belegd moet worden – dient als referentiepunt voor het beleg dat in een eerste groep spreekwoorden voor kritiek en verwijten staat:

(21) *Iet op zen broeid kroigen (Aalst, Leuven, Wambeek)*
(22) *Het iemand op zijn brood smeren (Brugge, Leuven)*
(23) *Iemand iets op brood leggen (Warffum)*
(24) *Op zijn brood hebben/krijgen (Leuven)*

Naast KRITIEK IS BROODBELEG speelt ook de metafoor GELD IS BROOD een belangrijke rol als basis voor dialectspreekwoorden. Dat is niet verwonderlijk gezien de status van brood als levensnoodzakelijke basisbehoefte:

(25) *Er geen brood in zien (Bree)*
(26) *Iemand het brood uit zijn mond stelen (Bree, Leuven)*
(27) *De ene zijn dood is de andere zijn brood (Leuven)*
(28) *Zijn broodje is gebakken (Leuven)*
(29) *Zijn brood verdienen (Leuven)*
(30) *Heyr brood best hebben (Drenthe)*

Verwant, maar iets minder transparant, is de frequent aangetroffen toepassing in (31), die betekent dat een gegeven iets geen geld kost:

(31) *Geen brood eten (Leuven, Brugge, Aalst, Lede, Groesbeek)*

Brood en broodingrediënten vormen verder het brondomein voor een reeks spreekwoorden die met (delicate) vormen van groei te maken hebben. Dat is zonneklaar in (32), waarin de overvloed van deeg in het brood zwangerschap symboliseert:

(32) *Do was te véil diëg in éir bruët (Dendermonde)*

Het is ook duidelijk in uitdrukkingen waarin zuurdesem centraal staat, een brooddeeg dat spontaan fermenteert zonder toevoeging van bakkersgist:

(33) *Heren heif goot (Aalst)*
(34) *Den heif opgeiten hemmen (Aalst, Lede)*
(35) *Hij heeft geenen deesem meer (Brugge)*

In de zegswijze in (33) staat de gistende zuurdesem (*heif*) symbool voor een nog aan de gang zijnde zwangerschap. In (34) is iemand de zondebok omdat hij de zuurdesem heeft opgegeten, waardoor er geen brood meer gebakken kan worden, en de afwezigheid van desem in (35) symboliseert het ontbreken van groeimogelijkheden. De conceptuele metafoor BROOD IS GROEI die ten grondslag ligt aan de spreekwoorden in (33)-(35), is allicht ook aanwezig in (36), dat zoveel betekent als 'de ontluikende borstpartij van deze jonge vrouw komt al goed in beeld'.

(36) *Al heel wat brood op haar plank hebben (Bree)*

Koek komt als zoeter en luxueuzer deegproduct geregeld terecht in spreekwoorden die te maken hebben met rijkdom en welstand:

(37) *Zijn koekebrood/wittebrood vooreten (Brugge)*
(38) *'t Is koekenbak (Dendermonde)*
(39) *Dor zitten koekken (Lede)*

Wie zoals in (37) zijn luxebrood vóór het gewone brood opeet, geraakt van de regen in de drup. Koekenbak in (38) duidt op de gunstige afloop van een probleem, en als ergens koeken zitten, dan is daar vermoedelijk geld te vinden (39).

RIJKDOM VERSUS ONDERBUIK

Uit de vindplaatsen van de ei- en broodspreekwoorden hierboven blijkt dat zowel Vlaanderen als Nederland gebruikmaakt van de conceptuele metaforen FRAGILITEIT IS EEN EI, ONGEMAK IS EEN EI LEGGEN en GELD IS BROOD. Het gebruik van conceptuele voedselmetaforen is dus zeker geen exclusief Vlaamse aangelegenheid. Bovendien lijkt de kans op die metaforen evenmin samen te hangen met het belang dat het desbetreffende voedsel heeft in de bestudeerde culturen: het ligt voor de hand dat brood en eieren in zowel de Nederlandse als de Vlaamse cultuur dagelijkse voedingsmiddelen zijn, maar aardappelen en erwten staan niet minder centraal in de Nederlandse dan in de Belgische cuisine. Toch zijn ze in veel mindere mate aanwezig in Nederlandse spreekwoorden. Wat is er dan wel aan de hand?

Volgens ons werkt de causaliteit omgekeerd: aardappelen en erwten zijn misschien niet minder frequent in Nederland, maar de betekenissen die door erwten en aardappelen metaforisch worden uitgedrukt, spelen in Nederland een kleinere rol dan in Vlaanderen. We zagen al dat aardappelspreekwoorden met name de domeinen van slaag, kapotte sokken en krachtig urineren illustreren, terwijl erwten meestal iets van zeer geringe omvang uitbeelden in zegswijzen. Geen van die domeinen haalt de in Nederland geregistreerde spreekwoorden. In Vlaanderen daarentegen lijkt die 'onderbuik' van de cultuur veel frequenter in beeld te komen – ook de winderige wijsheden in (1)-(4) behoren tot deze categorie.

Dat wil uiteraard niet zeggen dat Nederlandse spreekwoorden nooit over de metaforische achterbuurten van het menselijke leven gaan: wie in Drenthe *een dikke bok ant touw* heeft is stomdronken, en wie in Groesbeek *vlees onder de pekel houdt* slaat geregeld een borrel naar binnen. De Utrechtenaar die *in z'n raap geslagen heeft*, heeft flink gegeten. En over de gezegende staat waarin iemand die in Groesbeek *met kip zit* zich bevindt, hadden we het al eerder. Allemaal vrij brave en vrij geïsoleerde voorbeelden in vergelijking met de wijdvertakte rioolsystemen die Vlaamse spreekwoorden vaak zijn.

Anderzijds kunnen we ons ook de vraag stellen of er typisch *Nederlandse* thema's zijn die bij voorkeur door voedselspreekwoorden verwoord worden. Als we kijken naar de vaakst voorkomende thema's in onze spreekwoorden, dan zijn dat er twee: de net genoemde spreekwoordelijke 'onderbuik' en spreekwoorden die met allerlei vormen van rijkdom en armoede te maken hebben. Als we vervolgens de Vlaamse en Nederlandse gegevens vergelijken, merken we aanzienlijke verschillen op: de onderbuik doet het zoals verwacht beter in Vlaanderen (51,2% > 33,3%), en spreekwoorden over armoede of rijkdom komen vaker voor aan de Nederlandse kant (66,7 % > 48,8%). Het meest opvallende verschil krijgen we echter pas in beeld als we zegswijzen die op de een of andere manier met geld te maken hebben in positieve (rijkdom) en negatieve (armoede) spreekwoorden opsplitsen:

Tabel 4.2: Thematische analyse van de voedselspreekwoorden

Thema	Vlaanderen	Nederland
armoede	29 (23,2%)	0 (0%)
onderbuik	64 (51,2%)	5 (33,3%)
rijkdom	32 (25,6%)	10 (66,7%)
Totaal	125	15

In Vlaanderen blijken rijkdom en armoede volgens de spreekwoorden evenredig verdeeld (23,2% vs. 25,6%), maar in Nederland duikt geld alleen op als genoeg geld, en met name rijkdom. *Vet in andermaans schöttel zien* (menen dat een ander het best heeft; Drenthe), *spek zetten* (zoveel verdienen dat men overhoudt; Warffum) en *de broodkrummels steken 'm* (dartel worden van weelde; Utrecht) zijn typisch Nederlandse uitdrukkingen in dit verband, terwijl *zure soepen moeten eten* (arm zijn; Brugge), *'t zout op zijn patatten ni verdienen* (arm zijn; Dendermonde) of *in't drooge zitten, als 't pap regent* (de kans op gewin missen; Brugge) exclusief tot Vlaanderen beperkt zijn.

VOEDSELSTEREOTYPEN EN VOOROORDELEN

In dit hoofdstuk hebben we Vlaamse en Nederlandse spreekwoorden met voedseltermen bestudeerd. Als versteende processen van (onbewuste) betekenistoekenning bieden die zegswijzen geprivilegieerde toegang tot onze culturele basisbedrading, en daarom zijn ze erg bruikbaar voor de studie van diepliggende verschillen tussen de Vlaamse en Nederlandse cultuur.

Aan de oppervlakte betreffen de voornaamste verschillen tussen Vlaamse en Nederlandse voedselspreekwoorden het relatief grote aantal en de grote verscheidenheid in voedseltermen die in de Vlaamse uitdrukkingen voorkomen. Dat heeft mogelijk te maken met het feit dat de Vlaamse woordenboeksamenstellers een iets ruimere definitie van 'spreekwoord' hanteerden – al pleit dat natuurlijk ook al voor een cultureel verschil tussen de twee gemeenschappen. Maar er lijkt nog een bredere en diepere onderstroom aan de verschillen ten grondslag te liggen. Eten zit zo diep verankerd in de Vlaamse cultuur dat het een beschikbaar en toegankelijk brondomein is om metaforisch naar meer abstracte onderwerpen te verwijzen: hoe meer betekenisoverdracht er op die manier plaatsvindt tussen concrete en abstracte domeinen, hoe meer spreekwoorden er opduiken. Eieren en brood structureren in Vlaanderen en Nederland gelijkaardige abstracte domeinen (fragiliteit, ongemak, geld), maar aardappelen en erwten duiken in hoofdzaak in Vlaamse spreekwoorden op waar ze betekenissen uitdrukken (excretie en inferioriteit) die in Nederland slechts zelden de zegswijzen halen. Daarnaast lijken Nederlandse spreekwoorden – in ieder geval in onze dataset – vooral welstand uit te beelden, terwijl Vlaamse uitdrukkingen ook armoede in beeld brengen.

Onze interpretatie van de gevonden spreekwoorden zou kunnen suggereren dat de wederzijdse stereotypering van Vlamingen en Nederlanders ook in de eigen gemeenschap ondersteund wordt. Vinden Vlamingen zichzelf ook Bourgondisch, maar weinig verfijnd, en vinden Nederlanders zichzelf ook superieur, maar kil en puriteins? (Zie Matthys, 2018 voor een bespreking van dit soort vooroordelen en stereotyperingen.) Als het antwoord op die vraag 'ja' zou luiden, dan hebben we in elk geval te maken met de radicale omkering van een eerdere verhouding. Na 1585, toen de grootste Vlaamse steden Brussel, Gent en Mechelen weer onder Spaans bestuur waren gebracht, kwam er in Vlaanderen een massale vluchtelingenstroom richting Noordelijke Nederlanden op gang. Anders dan we zouden denken, schetsen de historische bronnen uit die periode geen beeld van gehavende ontheemden. De gevluchte Vlamingen waren doorgaans rijke kooplui en hooggeschoolde arbeiders die omwille van hun calvinistische geloof uit het katholieke Vlaanderen wegvluchtten, niet vanwege armoede. De Nederlandse steden vingen hen ook graag op, omdat ze voor een kapitaals- en competentie-injectie zorgen, maar de keerzijde van die medaille was dat de gevluchte Vlamingen algemeen beschouwd werden als 'verwaande seigneurs en pronkerige monsieurs', die de Hollandse eenvoud op de proef kwamen stellen. Het regende dan ook klachten over hun 'kostelijcke maeltijden ende bandquetten', hun 'vreemde fatsoenen en kleederen' en hun 'gouwd ende paerlen' (zie Tanja, 1987 voor een overzicht en veel meer voorbeelden).

Het is geschiedenis op z'n allerwrangst (Tanja, 1987: 28) dat de Hollanders zich in minder dan een eeuw tijd het prestige en de rijkdom van de gevluchte Vlamingen eigen maakten: die toe-eigening heeft de basis gelegd voor de huidige Vlaamse stereotypering van Nederlanders die we ook weerspiegeld zien in de dialectspreekwoorden. De Zuidelijke Nederlanden hebben nog eeuwen gebloed na het vertrek van hun rijkste en best opgeleide ingezetenen, maar wat onze spreekwoorden wel documenteren is dat de Vlaamse eetcultuur de zeventiende-eeuwse kaalslag overleefd lijkt te hebben: de veel grotere verscheidenheid aan genoemde voedselsoorten en de neiging bij Vlaamse woordenboekmakers om ook voedseljargon op te nemen zijn daar in elk geval duidelijke getuigen van.

Collectie: Onder de Groene Linde

Martine de Bruin

Jan moet van zijn moeder soep koken, met daarin ook wat foelie. Dat zal onze hond Foelie wel zijn, denkt hij. Maar moeder bedoelde de specerij en slaat Jan om zijn oren – alleen is de hond dan al gekookt. Dit ongetwijfeld grappig bedoelde lied werd in 1955 door veldwerker Will D. Scheepers opgenomen in Amsterdam, bij een tekenares thuis. Het is een van de ruim zevenduizend liederen en melodieën uit de Meertenscollectie 'Onder de Groene Linde', vernoemd naar het beroemde radioprogramma (1957-1994) van Ate Doornbosch, waarin zulke liedjes ook werden uitgezonden. Deze liedjes werden vastgelegd op band en de veldwerkers gingen dus met een (vaak zware) bandrecorder op pad; die op de foto is tamelijk modern en werd gebruikt door J.J. Voskuil. Veel van de taal- en volkskundige audiocollecties van het Meertens Instituut zijn op deze manier tot stand gekomen.

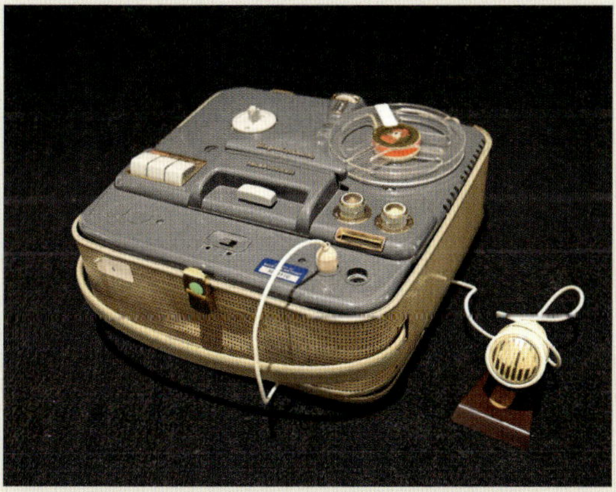

Afb. V: Bandrecorder gebruikt door J.J. Voskuil. Meertens Instituut Amsterdam, geluidsapparatuur, MI 9110.

De Onder de Groene Linde-collectie is niet de oudste, maar waarschijnlijk wel de grootste Nederlandse verzameling met opnames van liederen 'uit de volksmond'. Hij bevat liederen uit het dagelijks leven in allerlei varianten. Hiernaast bevat de audiocollectie van het Meertens Instituut veel opnames van volksverhalen. Traditioneel wordt in het onderzoek naar de teksten in deze lied- en verhaalcultuur aandacht besteed aan de (vaak zeer duidelijk aanwezige) moraal. Meer recent worden ze ook gezien als vorm van kennisoverdracht. Voor een flink deel is onduidelijk hoe ze precies zijn ontstaan, maar we weten wel dat ze via de mondelinge overlevering of als goedkoop drukwerk breed konden worden verspreid. Omdat deze laagdrempelige teksten door velen konden worden gemaakt, horen we langs deze weg vaak de stem van mensen die elders niet worden gehoord. Ook daarom is deze collectie een waardevolle bron voor onderzoek naar het dagelijks leven, waaronder de eetcultuur.

Bron: Audio OGL, nr. 09805. Gedigitaliseerde audio te beluisteren in de Nederlandse Liederenbank van het Meertens Instituut (www.liederenbank.nl). De Volksverhalenbank van het Meertens Instituut bevat meerdere varianten op dit verhaalmotief, waarin de honden Selderij, Sultan (zult), en 'Van alles' in de soep belanden.

5 Bitterballen, snacks, nostalgie en Holland-promotie

Rik Hoekstra en Marijke van Faassen

'Bitterballen' zijn vaste prik op elke Nederlandse borrel. Of dat nu thuis is, in de kroeg, bij een netwerkevent, op feesten en partijen of op het terras in de zon. Waar geborreld wordt zijn bitterballen.

immaterieel erfgoed.nl

'HOLLAND'S FAVORITE SNACK'

De bitterbal staat in de lijst van immaterieel erfgoed van Nederland.[62] De site *bitterballen.net* stelt dat we er gemiddeld jaarlijks vijfentwintig per persoon eten. Van de grote broer kroket worden er ook driehonderd miljoen geproduceerd, maar beide staan ver achter op de favoriete frikandel, waarvan er in Nederland twee keer zoveel naar binnen worden gewerkt. Frikandellen, volgens een Engelstalige webwinkel '*traditional Dutch skinless sausages*', staan echter niet op die lijst van immaterieel erfgoed.[63] Het imago van de bitterbal is veel beter en de laatste jaren verschijnt het gefrituurde balletje in steeds meer vlees-, vega- en veganvarianten, staat het ook regelmatig bij chiquere restaurants op het menu en zijn er hele kookboeken aan gewijd.

Over de geschiedenis van de bitterbal weten we niet veel, al doen op internet wilde verzinsels de ronde over oorsprong bij de Bataven, 'ongeveer 200 jaar v.C.' of in het Spaanse leger in de Tachtigjarige Oorlog.[64] De kroket is beter gedocumenteerd. Die werd in de negentiende eeuw al vaak genoemd in kookboeken en in 1866 bij een Haagse banketbakkerij aangeboden als traktatie voor kerst. Een kookkalender uit 1934, gericht op huishoudens in Nederlands-Indië, gaf recepten voor kroketten met zwezerik, eieren en garnalen. De bitterbal was in die tijd ook al ingeburgerd. Het bekende *Haagse Kookboek* (1934), stelde dat naast 'zoete versnaperingen' ook 'zoutjes' bij de thee worden gegeven en niet-zoete gerechten, waaronder kleine croquetjes (bitterballen).' Ook zijn er dan overal automatieken, die adverteerden met diverse soorten kroketten en ook bitterballen. Soms kregen goede klanten er zelfs één cadeau.[65]

Van den Berg signaleert de aandacht voor de bitterbal als onderwerp van Nederlandse trots en identiteit. Maar uit haar analyse van de Nederlandse reacties op reisvlogs over Nederland blijkt nuancering noodzakelijk. Jamie: '*Wauw this is so funny! What you picked from the wall is called Kroket, it's the same as Bitterbal, but a bitterbal is smaller*.'[66] Kroketten zijn echter ook internationaal heel gebruikelijk, terwijl de bitterbal zich veel meer leent als uniek Nederlands product, waarmee ook de reclame iets kan.[67]

Op internet zijn veel websites met Nederlandse producten, met namen als *The Dutch Shop, It's all Dutch to me* of *Holland Shopper*, die alles verkopen wat voor typisch Nederlands doorgaat. Ze hebben een nogal eenvormig assortiment hagelslag, pindakaas, pannenkoeken(mix), kaas, haring, jenever, soms ingrediënten voor de rijsttafel en altijd ook bitterballen, kroketten en andere gefrituurde snacks. De sites zijn gericht op Nederlanders in het buitenland of emigranten van Nederlandse origine, vooral in landen als Canada en Australië, waar na de Tweede Wereldoorlog veel Nederlandse migranten naartoe gingen. Achter de buitenlandse site zit vaak een fysiek Nederlands 'winkeltje' annex bruine kroeg. Tijdens het recente WK-vrouwenvoetbal in Australië meldde Trixie van Lieshout-Tagg, de eerste vrouwelijke coach van de Matilda's, dat ze er regelmatig neerstrijkt voor 'een lekker bakkie koffie en een kroket.'[68]

Nostalgie en gevoel van nationale identiteit bij immaterieel erfgoed worden bevestigd door het Sociaal Cultureel Planbureau, dat rond 2019 geïnterviewden vroeg waaraan ze dachten bij de Nederlandse identiteit. Zij verwezen 'regelmatig spontaan naar immaterieel erfgoed als Koningsdag, kerstfeest en sinterklaas, en materieel erfgoed als fietsen, bloemen, drop, kroketten, kaas, melk, zuurkool en aardappelen.' Het SCP merkte op dat 'een beroemd kunstwerk als *De Nachtwacht*' zelden werd genoemd.[69]

Hieruit zouden we de indruk kunnen krijgen dat nationaal voedsel niet alleen leeft onder de mensen, maar ook met al zijn herinneringen en nostalgie een constant element vormt. De vraag is echter hoe constant dit soort culturele symbolen zijn en hoe ze tot stand komen en veranderen. Antropologen als Emma-Jayne Abbots en historici als Marlou Schrover wijzen erop dat voedsel zeker bijdraagt aan de identiteit van migranten, maar dat die situationeel is bepaald en voortdurend verandert.[70] Abbots wijst er verder op dat het belangrijk is ook de relatie met het thuisfront te betrekken bij het onderzoek naar voedselcultuur. Meestal is het niet zo eenvoudig veranderingen te volgen, omdat er weinig publieke uitingen over zijn en omdat het voor een belangrijk deel over sentiment gaat. In dit hoofdstuk zullen we de veranderingen in de waardering van voedsel en de herinneringen daaromtrent onder Nederlands-Australische emigranten in beeld proberen te brengen op basis van materiaal uit kranten, van scheepvaartmaatschappijen, uit de nationale archieven van Nederland en Australië, en brieven en bescheiden uit twee particuliere archieven. Onze interesse gaat uit naar de nostalgie van de emigranten, maar ook hoe die zich mengde met commercie, officiële regulering en *public diplomacy*. De bitterbal is daarbij iconisch voor alle voedsel dat als 'typisch Hollands' werd beschouwd.

'IT WAS JUST LIKE A HOLIDAY'

De meeste van de 180 duizend migranten naar Australië in de jaren vijftig en zestig reisden per schip, veelal met subsidie van de Nederlandse en Australische overheden. De scheepsreis duurde vijf weken en werd door velen ervaren als een vakantie, in die tijd nog niet zo gebruikelijk.

Het eten en de service waren uitstekend op de Oldenbarnevelt. We werden aan tafel bediend door de leden van een Indonesische balletgroep die overdag ook koffie en thee serveerden. 's Avonds keken we hoe ze trainden voor hun optredens. Het was nog beter dan in de film...In een verslag voor de scheepvaartmaatschappij schreef de administrateur dat 'de stemming onder de passagiers de geheele reis uitstekend bleef en men op een enkele uitzondering na, zeer tevreden was over het eten.'

Sommige migranten bewaarden de menukaarten van de reis en nog veel jaren later werden herinneringen opgehaald: *'Do you remember that ice-cream cake, Herman? It was just like a holiday.'* Op de schepen werd, met name in de A-klasse, ook om 17.30 uur een eenvoudig bittergarnituur geserveerd, waar bitterballen vast deel van uitmaakten (afb. 5.1). Aanvankelijk waren alcoholische dranken verboden, al vond de commissaris voor de emigratie dat toch wat te strikt. In ieder geval werd er op de migrantenschepen in 1952 naast vlees, vis, tarwemeel, aardappelen, verse groenten, fruit en 'ice-cream' ook bier en sodawater ingeslagen.

Bij aankomst in de Australische havens, speciaal Melbourne en Sydney werd het schip eenvoudig overstroomd met reeds in Australie gevestigde Nederlanders. Er waren veel kennissen, vrienden en dorpsgenooten bij van arriveerende passagiers. De bedoeling dezer bezoekers is echter, zoodra de etensgong gaat om mede te eten. Daarom werd hier paal en perk aan gesteld, en kregen alleen de echtgenooten der aan boord zijnde vrouwen permissie om de maaltijd te gebruiken. Toch beliepen, niettegenstaande deze regeling de vrij verstrekte maaltijden in de 2 hoofdhavens toch minstens nog 200. Ik besprak deze questie te Melbourne nog met den secretaris der Nederlandsche club, en hij vond het zeer begrijpelijk, dat de menschen aan boord kwamen en mede wilde eten, daar zij zich dan weer eens op een stukje Nederlandsch grondgebied bevonden. De scheepsadministrateur vond dit 'geen argument, want als zij inderdaad zoo verzot op Nederlandsch grondgebied zijn, waarom trachten zij dan zoo vlug mogelijk er vandaan te komen en foeteren zij gedurende reis dan zoo op regeering en alles daaraan verbonden?'[71]

Afb. 5.1: Krantenfoto met als onderschrift: 'Neen — nu eens geen cocktail-party in Des Indes. maar een gezellig onder-onsje op de „Johan de Witt", toen het schip in de haven van Amsterdam lag, en de Belgische premier, Paul Spaak, op dezelfde dag een bezoek aan die stad bracht. Op de foto: Spaak en de bitterbal.' *Het dagblad: uitgave van de Nederlandsche Dagbladpers te Batavia* (27 januari 1948). Bron: Delpher.

'EVEN IF WE ARE MIGRANTS WE ARE NOT USED TO EATING DRY BREAD'

Na aankomst in Australië werden de omstandigheden minder goed. Aangezien er destijds in Australië woningnood was, kwamen de meeste migranten terecht in opvangkampen, ver verwijderd van de steden waar werk was, waarvan het kamp Bonegilla, enigszins in de buurt van Melbourne, het bekendst was. Veel migranten werden ook gehuisvest in migrantenhostels in de steden waar werk was. Een eigen huis kwam meestal pas veel later en werd vaak zelf gebouwd.

Ambtenaar Van der Heijden, chef van de Sectie Emigratie van het Gewestelijk Arbeidsbureau Amsterdam, werd in 1953 uitgezonden om de situatie van de Nederlandse migranten te onderzoeken. Hij schreef in zijn rapport dat de ontevredenheid was te wijten aan migranten die 'dikwijls kersvers van een emigrantenschip kwamen, waar zij in sommige opzichten knap verwend zijn, om dan zo plompverloren in een kamp te komen, waar alles toch zo geheel anders ligt, hetwelk zij zowel in Nederland als op het schip niet gewend waren', en waarover ze ook niet waren voorgelicht. Hoe dan ook, de omstandigheden in Bonegilla en andere kampen waren heel primitief. 'Moeilijkheden bestonden o.a. over eten en drinken, want de kwaliteit en/of kwantiteit is niet best. Vaak kopen de immigranten boter, suiker, aardappelen en fruit extra. De klachten over het eten waren niet van de lucht.' Een auteur noemt het voedsel in de hostels *horrible* en een migrant schreef in zijn herinneringen:

Het eten, moet ik eerlijk zeggen, was verschrikkelijk. Het was nog niet geschikt voor varkens. Ik overdrijf niet. De aardappels waren zwart of blauw. De groenten waren oud. Een stukje komkommer, een beetje sla en selderij, een plakje tomaat, dat was alles. Ik kan me niet herinneren dat ik echte groenten heb gegeten. En dan het schapenvlees! Zelfs nu nog weiger ik schapenvlees te eten. Ik denk dat ze alleen oude schapen gebruikten die niet konden kauwen...[72]

De klachten over schapenvlees waren algemeen, evenals de klachten over de koks, aldus Van der Heijden. Hij rapporteerde dat de klachten in de kampen verergerd werden door de spanningen tussen de Europese bevolkingsgroepen van verschillende origine 'waardoor vaak naijver en afgunst ontstond, vooral als bleek dat enkele van deze buitenlanders in het kamp werkten, dus op de een of andere wijze de lakens kunnen uitdelen.'[73] Toch waren er ook migranten die schreven over de geur van koffie in de wijk ('geen echte koffie, maar Nescafé'), die men zittend voor zijn barak dronk. Wie toen kind was herinnerde zich de lekkere abrikozen- en aardbeienjam en ananas, die ze nog nooit hadden gegeten, de sinaasappelen en grote appelen, die de familie in Nederland zich niet had kunnen veroorloven, en één schreef dat ze Oudejaarsavond vierden 'met zeven andere gezinnen en oliebollen in de strijkzaal.'[74]

Australië staat nu bekend als mengkroes van allerlei verschillende invloeden in de keuken door de gemengde invloeden van groepen migranten uit alle windstreken. In de vroege jaren vijftig was dat in ieder geval nog niet zo. 'Net als in Nederland tijdens de oorlog was er voedselrantsoen in Australië – suiker, boter en, in 1952 aardappelen.' De hostels serveerden vooral veel vlees. Nadia Postiglione schrijft dat Australiërs de overvloed aan vlees al lang als een van de grote attracties van immigratie zagen en dat de eentonigheid van overvloedig vlees al een klacht was in de negentiende eeuw, toen Britse migranten ontevreden waren over hun rantsoen van 'drie keer per dag schapenvlees'. In een hostel werd in de eerste week van februari 1952 'veertien keer vlees geserveerd, verspreid over zeven dagen, zowel tijdens de lunch als het avondeten. Gebraden vlees en koud corned meat, meestal vergezeld van muntsaus of uienjus, waren de meest voorkomende vleesgerechten. Hartig gehakt, gebakken karbonades, gebakken worstjes, gestoofde biefstuk en Engelse filet waren veel voorkomende hoofdgerechten doordeweeks, terwijl geroosterd schapenvlees meestal als zondagsmaaltijd werd geserveerd.' Vis werd nauwelijks gegeten, en 'groenten werden meestal geserveerd als Schotse bouillon, minestrone en erwtensoep, terwijl aardappelen, en kool meestal werden beschreven als gestampt (mashed) of gekookt' en geserveerd als bijgerecht. De hostels volgden voornamelijk het 'Anglo-Celtic' voedselpatroon, schrijft Postiglione, en Van der Heijden valt haar bij:

> *Menu is n.l. op z'n Engels; algemene klachten in alle kampen... Het Engelse menu valt inderdaad wel tegen, dit is mij meerdere malen opgevallen in de kampen. Het schijnt toch iets te zijn dat de Hollanders niet ligt, getuige o.a. het feit dat ik bij de Hollanders die ik thuis bezocht heb, nooit anders dan op z'n Hollands klaargemaakt eten heb gezien.*[75]

Begin 1951 stuurden 51 Nederlandse bewoners van het Wallgrove hostel in Sydney een klacht over de huisvesting naar de minister van Immigratie in Australië, omdat ze tot hun ongenoegen geen contact konden krijgen met de Nederlandse consul. Ze wilden niet tussen '*displaced persons*' wonen en het was er vies. Volgens het ministerie van Immigratie waren ze niet gewend in een kamp te wonen en was hun hutten met eigen wasgelegenheid beloofd. Het eten in het hostel leidde tot velerlei klachten, waarop het ministerie van Immigratie zich genoodzaakt zag te reageren. In kreupel Engels schreven de Nederlanders dat ze drie kwartier in een rij moesten wachten op het eten (ministerie: ze komen ook allemaal tegelijk omdat ze honger hebben), het was zelfs voor zieken streng verboden eten mee te nemen naar de hutten, en ze kregen weliswaar koffie en thee bij ieder maal, maar '*there are not half as much cups as there are people*' (ministerie: ze nemen ze ook allemaal mee naar de hutten). Een van de belangrijkste klachten was dat er '*chips or smashed potatoes or things like that*' waren voor ontbijt en ook wel wat brood, maar te weinig boter, en '*even if we are migrants we are not used to eating dry bread*'. De aardappelen kon het hostel beter bewaren tot het middagmaal. Kinderen onder de vijf kregen melk, oudere kinderen vier dagen per week en volwassenen nooit, '*and I can assure you even they need so once in a while*'. Men had ook gevraagd wat Nederlanders dan wel lusten, maar daar was geen antwoord op gekomen. Een van de inspecteurs had het ontbijt, bestaand uit 'cereal en melk, twee worsten met aardappelpuree en tomatenjus, brood, boter en thee' geprobeerd en dat was prima geweest, behalve de te taaie worstenvelletjes.[76]

In 1971 was er nog niet veel veranderd aan het menu. Een migrant die toen aankwam in Canberra schreef aan zijn broer:

> *'t is vrijwel Engels, 's morgens cornflakes, gebakken eieren, met patat, worst, bonen enz., toast enz., 's middags neem ik meestal brood mee, en is er in hotel Acton grote tafel met soep, div. vlees+groente (+ 1 aardappel) + iets zoets na + koffie of thee o.i.d. Groente evenals aardappels schijnen erg duur te zijn, 't meeste lijkt dan ook blikgroente te zijn, wat je hier niet zou verwachten in een land als Australië.* [77]

Het vlees verschilde kwalitatief van Nederland en was volgens zijn vrouw vreselijk vet. Hij vervolgde: 'wat de mensen hier op hun brood eten weet ik niet, maar gesneden vlees of worst is niet te krijgen.' De man zelf at tot 1977 tussen de middag Goudse kaas op zijn brood, tot de prijzen te veel begonnen te stijgen omdat de kaas een tijdlang in quarantaine moest wegens het gevaar op geïmporteerde veeziekten.

Ook toen later de overgangssituatie van de kampen en hostels voorbij was, bleef het gebrek aan groenten een knelpunt voor Nederlanders. De Nederlanders begonnen al snel groenten voor eigen gebruik te verbouwen, die ze ook aan andere migranten en Australiërs verkochten. Een domineesgezin in Campbelltown en later Toronto (beide New South Wales) had vanaf 1955 een tuin en schreef aan de ouders:

> *Er is hier een flinke moestuin, waarvan we helemaal kunnen leven. Aardappels, sla, wortels, andijvie, biet, het groeit hier allemaal. In de tuin staat verder nog een citroenboom, een sinaasappelboom en een vijgenboom. Raar is dat om te zien als je uit Holland komt, maar ook wonderlijk mooi.*[78]

Ook de migrant uit Canberra begon een eigen groentetuin: 'er komt van alles op, tomaten, sla radijs, div kruiden enz. 't Wordt nu een kwestie van in leven houden.' De Australische regering stimuleerde het aanplanten van tuinen (de familie verhuisde herhaaldelijk) als klimaatmaatregel met '10 bomen en 40 struiken gratis als bewoners nieuw huis, om hete zomers te overleven en wegspoelen bij flooding te voorkomen.'

'WAT IS IN VREDESNAAM TYPISCH NEDERLANDS?'

In de tijd van emigratie waren emigranten vooral bezig met hoe ze hun dagelijkse Nederlandse eetgewoonten zo goed mogelijk konden handhaven. Als ze al met luxeproducten als bitterballen bezig waren, schreven ze daar niet over. Maar na de initiële migratie moesten ze een leven opbouwen in Australië. Australiërs van Nederlandse afkomst hebben nu het gevoel dat anders dan andere etnische migrantengroepen die hun identiteit hebben weten te bewaren, hun eigenheid verloren is gegaan. Ze zien zichzelf als *invisible migrants*, omdat ze zo goed zijn geïntegreerd en geassimileerd.[79] Australië voerde tot begin jaren zeventig wel een actief *White Australia*-beleid, dat erop was gericht migranten te assimileren; pas daarna ontstond langzaam het idee van een multiculturele samenleving. Maar ondanks die politiek en het idee van de Nederlanders dat ze hun identiteit snel verloren, gingen de Nederlandse migranten zeker niet allemaal spoorloos op in de Australische samenleving.

Behalve Nederlandstalige kranten en radio-uitzendingen, waren er de winkels met Nederlandse producten. Ze adverteerden in de landelijke *Dutch Australian Weekly*, maar plaatselijke winkeliers plaatsten hun overwegend Nederlandstalige advertenties vooral in lokale kerk- en verenigingsblaadjes. Ze boden bloemen aan en 'Dutch roast pork, beter vlees, Hollands klaargemaakt'. In de jaren zestig verkochten plaatselijke bakkers 'echt Hollands brood: omgekeerd, knip, snijers, luchjes, ronde casino's, etc.' Een advertentie voor een dansavond trok in 1963 migranten met de mogelijkheid uit te gaan 'zoals vroeger' met vrouw of verloofde, of kennis te 'maken met goede Hollandse meisjes of jongens', een 'splinternieuwe volksdansgroep' of 'onze Nederlandse TV stars, de Chantinos, in levende lijve te zien optreden' en 'een lekker glas bier te drinken met Hollandse croquetten' (afb. 5.2).

Hetzelfde gold voor braderieën en bazaars die voor en door de Nederlandse emigrantengemeenschap werden georganiseerd, om de band 'tussen de gemeenteleden en de financiële positie van de gemeente te versterken'. Dus 'voor de centjes (hier pennies)', maar ook voor de 'lollige middag, waar je kunt lachen en jezelf amuseren en met tevredenheid over de koopjes huiswaarts keren'. De bazaar had een '*cakestall*' waar 'de geefsters van de diverse cakes en koekjes zelf beslissen wat deze zullen moeten kosten'. Er was 'een aparte stall met borstplaat en speculaas, een stall met slaatjes en croquetten, een haringtent, en een grocery-stall.' Op een gezelligheidsavond voor de vrouwengroepen van de gemeente, was er 'in de pauze: verkoop van gebreide artikelen, koffie, thee, gebak, en... ERWTENSOEP' en met oudjaar 'verkopen we oliebollen, die we hier met 6 dames zullen bakken en allerlei handwerk ten bate van het Nederlands Kerkewerk in Australië.'[80] Het is duidelijk dat er veel nostalgie en het idee van typisch Nederlands (steevast uitgedrukt als *Hollands*) kwam kijken bij al dit voedsel. De migrant uit Canberra schrijft: 'we maken elkaar wel eens lekker door verhalen op te hangen over de croquetten op de Alphense markt, of de bami en frites van de Alphen Noord patatboer.'

Voedsel speelde dus overduidelijk een rol in de Nederlandse gemeenschap, maar naar aanleiding van een jaarlijkse Nations Day-tentoonstelling van de kinderen op hun school verzuchtte dezelfde migrant dat die bestond uit 'de gebruikelijke tentoonstelling van platen van Nederland enz,' naast 'typisch' Nederlands voedsel. 'Wat is in vredesnaam typisch Nederlands?' Zijn vrouw loste dit meestal op met 'speculaas, beschuit met muisjes enz. (ipv hutspot, zure haring enz.)', want 'ook hier weet iedereen dat ham+pea erwtensoep is.'[81] Overigens bezocht deze emigrant ook jaarlijks de viering van Koninginnedag op het Nederlandse consulaat, waar de migrantengemeenschap werd getrakteerd op champagne, haring, kaas en andere 'snacks'.[82]

Afb. 5.2: Advertentie uit *Horizon Maandblad voor Nederlandse immigranten in Queensland* (november 1963). Nationaal Archief Den Haag, Archieven van de Nederlandse Ambassade en de Consulaten in Australië en de Permanente Vertegenwoordiger bij de South Pacific Commission, 1955-1974, toegangsnr. 2.05.145, inv.nr. 662.

DE VIERING VAN HET SINTERKLAASFEEST DIENDE 'MET KRACHT TE WORDEN BEVORDERD'

De emigrantengemeenschap was niet alleen bepalend voor wat als typisch Nederlands beschouwd werd. Eerder werd al duidelijk dat ook de middenstand daarin een rol speelde met zijn selectie van Nederlandse producten. Maar, zoals Abbots opmerkt, de relatie met 'thuis' speelde ook een rol. In het kerkblad adverteerde in september 1955 bijvoorbeeld de Radio Holland geschenkenservice:

> *(...) bestelt nu alvast voor St. Nicolaas, op welke dag u zeker uw vrienden en kennissen in Nederland een verrassing wilt bezorgen. Laat de uwen in Nederland merken, dat u ze niet vergeet, door u op verjaardagen en feestdagen te laten vertegenwoordigen door de geschenkendienst van Radio Holland.*

Het uitwisselen van geschenken was natuurlijk wederzijds. Het domineesgezin ontving regelmatig sigaren uit Nederland en het migrantengezin in Canberra kreeg zolang de briefwisseling duurde elk jaar een pakket met sinterklaas, zoals in 1974:

> *Sinterklaaspakket arriveerde 24-11-1972 en heeft sinterklaas niet gehaald... inhoud: 1 kalender, 2 choc letters, 3 staven amandelspijs, 2 dikke speculaaspoppen; 2 taaitaai poppen; 3 suikerharten, 1 marsepein varken, 1 zak kruidnoten, 1 doos choc kerstkransjes, 1 doos Deventer kruidkoek sneetjes en 3 rollen zoute drop, welke laatste onmiddellijk door de vrouw des huizes gekonfiskeerd werden.*

Dat pakket was spontaan door de familie gestuurd, maar in Nederland zat achter die sinterklaaspakketten een hele organisatie (afb.5.3).

In 1955 stelde het Emigratie Commissariaat een memo op over de sinterklaasviering in het buitenland. Er werd een commissie ingesteld 'in verband met de wenselijkheid, de viering van het St.Nicolaasfeest door Nederlandse emigranten door het geven van medewerking van Nederland uit te bevorderen en aldus bij te dragen tot de

Afb. 5.3: Folder van de Nederlandse Banketbakkerij ten behoeve van de jaarlijkse nationale actie 'St. Nicolaas Overzee' (1955-1965). Nationaal Archief Den Haag, Archief van de Directie voor de Emigratie van het Ministerie van Sociale Zaken en Werkgelegenheid, (1933) 1945-1994, toegangsnr. 2.15.68. inv.nr. 867.

instandhouding van een oude Nederlandse traditie in jonge landen als Canada, Australië en Nieuw-Zeeland.' Sinterklaas moest voor Nederlanders en ex-Nederlanders over de gehele wereld een dag worden die men als een typisch Nederlandse traditie zou vieren en voelen. 'Het St. Nicolaasfeest leent zich hiertoe bij uitstek, daar het door zijn vriendelijk en vrolijk karakter de buitenlanders nooit aanstoot zal geven, doch veeleer zal boeien.' Iedereen die ambtelijk bij de emigratievoorbereiding was betrokken moest 'sinterklaas-*minded*' worden. De berichtgeving in Nederland moest maanden van tevoren beginnen en na 5 december moest het succes over een 'geslaagde feestviering onder geëmigreerden in de dagbladen en de geïllustreerde pers' breed worden uitgemeten. Ter plekke in het buitenland moesten emigranten worden 'opgewekt tot het zenden van bepaalde geschenken naar Nederland', en de viering van het sinterklaasfeest in gemeenschappen diende 'met kracht te worden bevorderd'. Dit was een taak voor alle leden van de 'gehele buitenlandse dienst', die 'immers geacht mogen worden het voorbeeld te geven'. Emigranten dienden 'te worden opgewekt verhalen over hun sinterklaasfeest naar Nederland te schrijven'. Zo werd georganiseerd dat de 'Bond van Plattelandsvrouwen een aantal St. Nicolaascostuums naar emigrantencentra' stuurde en 'met behulp van de banketbakkerscentrale werd een standaardpakket van St.Nicolaas lekkernijen samengesteld'. Er werden affiches vervaardigd voor dergelijke standaardpakketten die banketbakkerijen in de etalage konden hangen.[83]

Dit werd een doorslaand en langdurig succes, want al werden na het einde van het Nederlandse emigratiebeleid in 1992 geen sinterklaaskostuums meer gestuurd, het typisch Hollandgevoel wordt nog steeds belichaamd door het gezamenlijk gevierde feest. In het dagelijkse emigrantenleven komt de bitterbal niet veel ter sprake; daar gaat het vooral over de 'croquette'. De bitterbal werd vooral in de interactie tussen nostalgie en officiële en commerciële regulering een icoon die zich een vaste (eeuwige?) plaats veroverde in wat als Nederlands gevoeld wordt (of dient te worden). Net als bij het sinterklaasfeest is daarvoor een bijzondere rol weggelegd voor de officiële vertegenwoordigingen. In 1993 schreef cabaretier Youp van het Hek in zijn column over zijn optredens in het buitenland:

> *(...) inmiddels heb ik al wat plekken in Afrika en het Verre Oosten kunnen bekijken. De ontvangst is altijd allerhartelijkst, het zaaltje waarin je optreedt charmant-krakkemikkig en daar de meeste Nederlanders er al een tijdje rondhangen kunnen ze je veel van de stad en het land laten zien. Toch houdt het altijd iets lulligs, zo'n clubje. En dan bedoel ik het onderlinge bitterballengevoel dat zich uit in oranjebitter op koninginnedag met een 'leve de koningin' roepende ambassadeur, de haring en wittebrood op 4 oktober en de vergadering van het bestuur op 16 juni over de inkoop van het strooigoed voor het Sinterklaasfeest. Zowel in de snikhitte van Maleisië, als in die van Kenia, Brunei, Indonesië of Hongkong komt omstreeks half november een Sint Nicolaas van een boot af.*[84]

Collectie: Oude en kostbare werken in de bibliotheek van het Meertens Instituut

Martine de Bruin

In het liedboekje *De Nieuwe Hofsche Rommelzoo* uit 1655 vinden we een verjaardagsliedje over het trakteren op taart (afb. VI). Het is een voorbeeld van hoe nieuwe gewoontes en gebruiken doordrongen in het dagelijks leven. Verjaardagen van koningen en andere belangrijke mensen werden al eeuwenlang gevierd, maar voor anderen gold dit zeker niet – die wisten vaak niet eens wanneer ze jarig waren. Pas in de loop van de negentiende eeuw wordt het vieren van de eigen verjaardag gebruikelijk bij een breed publiek. Wel kennen we uit de zeventiende en achttiende eeuw al wat liedjes waaruit duidelijk wordt hoe verjaardagen in rijke kringen werden gevierd – ook toen ging men op verjaardagsvisite en kreeg men allerlei lekkers. In deze 'Verjaardeun op de taartgift', een liedje van Willem Schellinks uit 1655, kon je zelf invullen over hoeveel uur (dagen, weken of maanden) een vriend (of vriendin) jarig is en het lied kan dus worden gezongen bij ieders verjaardag. Het bleef niet bij taart alleen. In dit en andere verjaardagsliedjes uit die tijd krijgen we een duidelijk beeld van hoe een feestdis eruit moet hebben gezien, met vooral veel verschillende soorten vlees en nog meer drank. Die drank is een vertrouwd gegeven uit de feestcultuur van ver voor 1655, en wordt kennelijk moeiteloos gecombineerd met nieuwere elementen zoals de 'taartgift'.

De collectie bijzondere werken van het Meertens Instituut bevat circa zeshonderd titels van voor 1800, waarvan zo'n tweehonderd liedboeken. Hieronder ook enkele unica, liedboeken waarvan geen ander exemplaar bekend is. De collectie bevat verder veel boeken met beschrijvingen van steden en dorpen in Nederland en hun geschiedenis, met daarin vaak ook aandacht voor de productie van voedsel of eetcultuur. Het merendeel van deze oude en kostbare werken uit de Meertenscollectie is een bruikleen van de KNAW-collectie of afkomstig uit schenkingen.

Bron: Bibliotheek Meertens Instituut

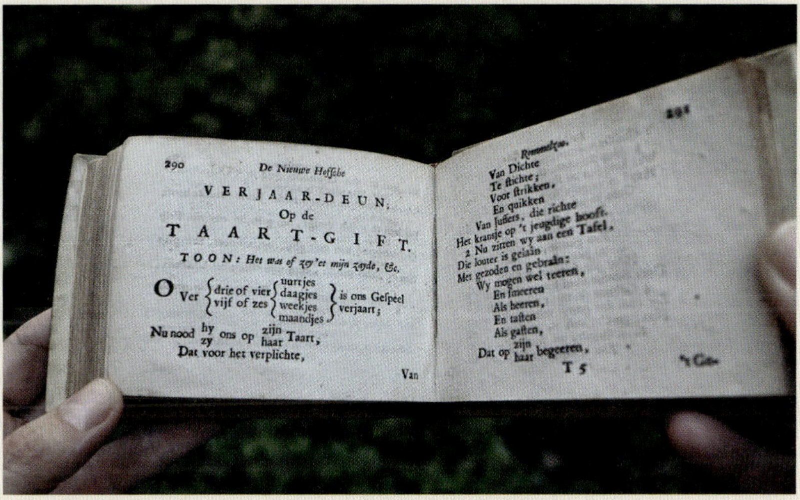

Afb. VI: 'Verjaardeun op de taartgift' uit het liedboekje *De Nieuwe Hofsche Rommelzoo* (1655). Meertens Instituut Amsterdam, bibliotheekcollectie, KW 3987 (gesloten kast) B57 Foto: Peter Jan Margry.

6 Drop en spekkies

Nederlandse snoepcultuur en nationale identiteit

Marieke Hendriksen

Als het op snoepen aankomt zijn Nederlanders middenmoters: we eten gemiddeld 2,84 kilo snoep (exclusief chocolade) per persoon per jaar. Dat is minder dan in een groot deel van Noordwest Europa, maar meer dan in bijvoorbeeld delen van Zuid-Europa, Brazilië, China en Japan.[85] Onze voorkeur in snoepgoed is wel uniek: zo'n twee derde van al het snoep dat Nederlanders eten is drop. Drop wordt ook in andere landen gegeten, maar de diversiteit en hoeveelheden drop die hier naar binnen worden gewerkt vind je nergens anders. Vreemd genoeg is de Nederlandse dropliefde een relatief recent verschijnsel, zoals ik ook uitleg in *Het Grote Dropboek*.[86] Hoe komt het dat zwarte drop in een relatief korte tijd zo populair is geworden en zo verweven is geraakt met de Nederlandse identiteit?

DE OORSPRONG VAN ONS SNOEP

Met drop, maar ook met ander snoepgoed, zoals spekkies, is iets vreemds aan de hand. Hoewel onze aangeboren voorkeur voor zoet, vet en calorierijk voedsel evolutionair bepaald is, was suiker tot de zeventiende eeuw iets voor de elite, iets wat vooral bij feestelijkheden en in geneesmiddelen werd gebruikt. Veel van het snoepgoed dat we nu nog in de supermarkt kunnen kopen heeft zijn wortels in de vroegmoderne of zelfs middeleeuwse apotheek. Het bestanddeel dat drop zijn typische smaak en kleur geeft bijvoorbeeld, zoethoutwortel, komt weliswaar oorspronkelijk uit het Middellandse Zeegebied, maar was al in de middeleeuwen bekend in de Nederlanden. Rond 1250 vinden we al een Nederlands recept voor een hoestpasta met zoethoutpasta die wel wat doet denken aan drop, in Jacob van Maerlant's *Der Naturen Bloeme*:

jeghen die burst die es droghe / men neme tsaet van macopine / ende tsap van licorissien fine / ende van arabia gommi / ende dartoe draganti / hier of ende van desen saken / salmen latuarie maken /ende dat met cyrope minghen / dit sijn nuttelike dinghen[87]

In modern Nederlands betekent dat:

Tegen droge hoest / men neme het zaad van bolpapaver (maanzaad) / en fijn zoethoutsap / en Arabische gom / en daarbij tragacanthgom / hiervan, en van deze zaken / moet men een likkepot maken / en die met siroop mengen / dat zijn nuttige dingen

De hoofdbestanddelen van goede drop zijn nog steeds zoethoutpasta (voor de kleur en smaak), gom (boomharsen voor het smeltende mondgevoel), en suiker (de siroop in dit recept). Tegenwoordig wordt de gom vaak vervangen door goedkopere, makkelijker verkrijgbare ingrediënten, zoals gelatine en zetmeel, maar het oerrecept voor drop is eigenlijk niet veranderd in de afgelopen zevenhonderd jaar.

Ook andere producten die we nu als snoep beschouwen vinden hun oorsprong in de apotheek. Zo zijn spekkies in feite opvolgers van de 'witte drop' die we vanaf de achttiende eeuw terugvinden in Nederlandse apotheken. Tussen ongeveer 1850 en 1940 wordt die witte drop, net als zwarte drop, niet alleen meer door apothekers en drogisten verkocht, maar langzamerhand ook meer en meer door kruideniers en banketbakkers. Al in de late middeleeuwen zijn recepten in apothekershandboeken te vinden voor bereidingen met gom, suiker en extract van de echte heemstplant (*Althaea officinalis*), in het Nederlands ook wel kaasjeskruid of maluwe genoemd, maar veel bekender onder zijn Engelse naam: marshmallow. Waar in Nederland en Duitsland de

Afb. 6.1: Advertentie in *Het Nederlandsche dagblad* van 21 november 1898 voor onder andere zoute drop en witte drop, van de weduwe J. Porton, die in Utrecht aan de Oudegracht handelde in drogerijen, verfwaren, specerijen en chemicaliën. Bron: Delpher.

verbinding tussen de plant en het snoepje volledig is verdwenen, is die in het Engels en Frans nog wel aanwezig. Spekkies heten daar, ook als ze al lang geen heemstextract meer bevatten, nog steeds respectievelijk marshmallows en guimauve.

Maar als zowel zwarte als witte drop voor de Tweede Wereldoorlog door Nederlandse apothekers, drogisten en kruideniers verkocht werden, hoe komt het dan dat we nu zoveel zwarte drop eten en die als typisch Nederlands zien? Waarom geldt niet hetzelfde voor witte drop of spekkies? Om dat te begrijpen moeten we ons verdiepen in de relatie tussen eetcultuur en nationale identiteit.

EETCULTUUR EN NATIONALE IDENTITEIT

Voedingsmiddelen en smaak spelen een cruciale rol in gevoelens van erbij horen en buitensluiten. Voedsel wordt gebruikt om relaties aan te gaan, of die nu nationaal, lokaal, etnisch of familiaal zijn. Het analyseren van voedselconsumptie stelt ons dus in staat om ideologische verbintenissen of verbondenheid met een gemeenschap of een identiteit aan te tonen. Juist vanwege hun veranderlijke aard kunnen we voedselvoorkeuren voortdurend opnieuw onderzoeken en erover discussiëren.[88] Voedsel biedt daarmee een tastbaar studieobject dat ons kan helpen ontastbare en veranderende processen rond (nationale) identiteitsvorming beter te begrijpen.

Bij het bestuderen van de relatie tussen identiteit en voedselconsumptie is het belangrijk om op te merken dat nationale identiteit als een proces en als een ideologie kan worden bekeken. Nationale identiteit als proces produceert en onderhoudt een gedeeld gevoel van bewust behoren tot de natiestaat. Iedere keer dat wij een buitenlandse gast een dropje aanbieden met de mededeling dat dit 'typisch Nederlands is', nemen we deel aan dat proces. Nationale identiteit als politieke ideologie, nationalisme, bevordert de belangen van een bepaalde natie.[89] Voedsel draagt bij aan de nationale identiteit en de vorming van naties op het niveau van wat de socioloog Michael Billig 'banaal nationalisme' heeft genoemd: een alledaagse gehechtheid aan bepaalde symbolen, voorwerpen of rituelen, die een laagdrempelig maar comfortabel gevoel van verbondenheid in stand houdt, als vanzelfsprekend beschouwt en ondersteunt. Het is duidelijk dat nationalisme als proces kan worden beïnvloed door nationalisme als ideologie en vice versa, en het is soms moeilijk te onderscheiden waar het ene eindigt en het andere begint. In de praktijk kan voedsel op verschillende manieren worden gebruikt om identiteiten, en met name nationale identiteiten, vorm te geven.

Socioloog Atsuko Ichijo en politiek wetenschapper Ronald Ranta onderscheiden drie manieren waarop voedsel kan worden gebruikt om de nationale identiteit vorm te geven. Dat helpt ons te begrijpen hoe voedsel en nationale identiteit kunnen worden verbonden. Ten eerste kunnen burgers, sociaal-culturele groepen en de voedingsindustrie op een onofficiële of bottom-up manier vorm geven aan nationalisme en nationale identiteit zonder tussenkomst van de staat. Voorbeelden zijn het maken en consumeren van oranje gekleurde voedingswaren en dranken door burgers en bedrijven op Koningsdag, pepernoten en chocoladeletters rond sinterklaas, maar ook het meenemen van kaas, drop en hagelslag voor vrienden in het buitenland. In het moderne kapitalisme heeft de opkomst van de multinationale onderneming ervoor gezorgd dat commerciële processen verweven zijn geraakt met herinnering en nostalgie. In deze context worden historische merknamen vaak behouden en uitgebuit om waarde te verhogen, terwijl minder welkome processen van efficiëntie en rationalisatie worden verborgen voor consumenten. Een goed voorbeeld daarvan is het verschil tussen de consumentenwebsite en de business-to-business website van Beemster

Kaas. Op de consumentenwebsite ligt de nadruk op zwartbonte koeien in groene weiden, ambachtelijke processen en de geschiedenis van de Beemster. Op de business-to-business website daarentegen ligt de nadruk op de enorme productie, de hypermoderne fabriek, en de kaashalffabrikaten (zoals kaaspoeder) voor de industrie.[90] Grote bedrijven ontwikkelen dit soort strategieën voor lokale merken, omdat die een vorm van nationale identiteit bieden aan de meerderheid van de mensen die lijden aan een gevoel van onteigening of ontheemding door mondialisering en maatschappelijke verandering.

Daarnaast kan de natiestaat voedsel en diëten op verschillende manieren gebruiken om de nationale identiteit vorm te geven en internationale betrekkingen te beheren. 'Nationale', 'regionale' of 'typische' voedingsmiddelen en keukens kunnen bijvoorbeeld door regeringen worden gepromoot om de nationale identiteit te versterken en nationale (productie)doelstellingen te ondersteunen – denk aan de campagne 'Melk, de witte motor'. Ook kan geliefd buitenlands voedsel door een regering gedomesticeerd worden om de nationale identiteit uit te dragen en te versterken: zo werd een rijsttafel geserveerd voor het staatsbezoek van president Macron in april 2023.

Tot slot kan voedsel in een ander top-downdomein door internationale organisaties op mondiaal niveau worden verbonden met nationalisme en nationale identiteit voor verschillende doeleinden, zoals het versterken van culturele diplomatie of de bescherming van cultureel erfgoed. Het UNESCO-verdrag voor de bescherming van het immaterieel cultureel erfgoed uit 2003 probeert bijvoorbeeld immaterieel cultureel erfgoed, zoals rituelen rondom eetcultuur, te beschermen. Zo stonden op een lijst voor immaterieel cultureel erfgoed uit 2015 ten minste acht elementen die verband houden met een eetcultuur of een keuken. Sommige wetenschappers op het gebied van voedsel en nationalisme hebben betoogd dat de introductie van het alledaagse perspectief van banaal nationalisme de aandacht afleidt van de tussenkomst van staten en internationale organisaties zoals UNESCO. Maar zoals ik verderop in dit hoofdstuk zal laten zien, kan de focus op bottom-upprocessen in het vormgeven van nationale identiteit door voedsel en eetgewoonten de rol verhelderen van mensen die tot nu toe meestal werden genegeerd, zoals smaakmakers en wetenschappers.

Het concept van gastronationalisme, oorspronkelijk voorgesteld door socioloog Michaela DeSoucey, kan zowel bottom-up als top-down helpen om verbanden te leggen tussen nationale identiteiten en voedingsmiddelen. DeSoucey definieert gastronationalisme als het resultaat van een tegenstelling tussen de homogeniserende effecten van mondialisering enerzijds, en de opkomst van nieuwe vormen van identiteitspolitiek versterkt door een steeds homogenere omgeving anderzijds. Gastronationalisme, in de definitie van DeSoucey, is het gebruik van voedselproductie, -distributie en -consumptie om de emotionele kracht van nationale gehechtheid te ondersteunen en het gebruik van nationalistische sentimenten om voedsel te produceren en op de markt te brengen. Dit hoofdstuk laat zien dat gastronationalisme zoals gedefinieerd door DeSoucey niet alleen kan worden gebruikt door natiestaten en internationale organisaties, maar ook door de voedingsindustrie.

We kunnen verschillende onderling verbonden concepten en strategieën identificeren die verband houden met gastronationalisme en het koppelen van specifieke voedingsmiddelen aan nationale identiteit, zoals vererfgoedisering, folklorisme, gedenken, het creëren van verzonnen tradities en de inzet van zogenoemde smaakmakers. Bij bijvoorbeeld *'heritaging'*, oftewel vererfgoedisering, worden bepaalde objecten, materialen, gewoonten of voedingsmiddelen bestempeld als 'typisch' voor een land of regio, vaak door commerciële partijen met de bedoeling om meer van hun product te verkopen, wanneer er geen feitelijke historische gronden zijn die de claim ondersteunen. Folklorisme is een manier om elementen van de volkscultuur die op het punt staan te verdwijnen, te revitaliseren en herwaarderen door de nadruk te leggen op expressieve en representatieve aspecten, terwijl de oorspronkelijke functie en betekenis van die culturele elementen worden veranderd. Dat kan gebeuren in combinatie met vererfgoedisering, maar ook afzonderlijk en zonder tussenkomst van commerciële partijen. Denk bijvoorbeeld aan de volksdansgroepen die in de jaren zeventig van de twintigste eeuw werden opgericht, hoe het toenmalige eiland Marken begin twintigste eeuw al in een soort openluchtmuseum veranderde, of recenter de enorme toename van het aantal 'authentieke' kaaswinkels in het centrum van Amsterdam. Die laatste hebben niets meer te maken met de oorspronkelijke noodzaak om houdbare harde kaas te produceren van bederfelijke melk, maar alles met de wens toeristen te trekken en zo meer kaas te verkopen.

Erfgoed en folklorisme zijn ook nauw met elkaar verbonden, maar hoeven niet noodzakelijkerwijs identiek te zijn aan wat de historici Hobsbawm en Ranger dertig jaar geleden voor het eerst 'bedachte tradities' (*invented traditions*) noemden: het proces waardoor vieringen, inclusief die waarbij specifieke voedingsmiddelen en dranken worden geconsumeerd, worden gekoppeld aan nationale identiteit. Deze consumptiepraktijken zijn niet zo rechtstreeks uit het verleden afgeleid als mensen graag geloven, en het gemeenschapsgevoel dat ze creëren is een eigentijds verzinsel. Zo zijn ogenschijnlijk stabiele tradities in de loop van de tijd vaak onderhevig geweest aan ingrijpende veranderingen of kunnen ze bij nader inzien zelfs volledig verzonnen blijken te zijn. Dergelijke processen kunnen worden vormgegeven door overheden, maar ook door maatschappelijke groeperingen of commerciële partijen. Het koppelen van voedingsmiddelen aan (nationale) identiteit is ook vaak het instabiele resultaat van langdurige, voortdurende processen van herdenking en nostalgie in plaats van materiële specificiteit of een echt exclusieve geografische verbinding. Herdenking is hier het bewaren van herinneringen aan mensen of gebeurtenissen door middel van ceremonies of herdenkingen; nostalgie is het sentimentele verlangen naar het verleden.

Twee factoren die bij de analyse van de verbanden tussen voedsel en nationale identiteit vaak onopgemerkt blijven, zijn de rollen van zogenoemde smaakmakers en die van de wetenschap. Vanaf het einde van de negentiende eeuw waren voedselbeslissingen en smaakvoorkeuren, hoewel ogenschijnlijk zeer individueel, vaak collectief en werden smaken vaak opzettelijk gevormd door centrale figuren: smaakmakers. Deze smaakmakers kunnen door de industrie worden ingehuurd: Anna Zeide beschrijft hoe de romanschrijver en kookboekenauteur Marion

Harland (pseudoniem van Mary Virginia Terhune, geboren Hawes, 1830-1922), hoewel aanvankelijk zeer sceptisch, rond 1900 door de industrie werd overgehaald en betaald om ingeblikt voedsel te promoten. Maar smaakmakers kunnen ook zelf voedselproducenten zijn, zoals de Duitse apotheker August Oetker (1862-1918), beter bekend als 'Dr. Oetker', of de Amerikaanse arts John Harvey Kellogg (1852-1943), oprichter van Kellogg's, die met hun gelijknamige voedselimperiums de smaak van miljoenen vormden.

Ook de rol van de wetenschap wordt vaak maar kort aangestipt. Een uitzondering vormt Ravivs werk over falafel in Israël, waarin ze aantoont dat zionistische voedingsdeskundigen in het Palestina van de jaren twintig voedsel probeerden te presenteren als een mogelijke verenigende kracht, een instrument bij de opbouw van een natie, in plaats van een afleiding en belemmering. Ze plaatsten voedsel in het domein van de wetenschap en promootten een rationeel en homogeen voedingssysteem dat productief en nuttig was, niet alleen een burgerlijke luxe.[91] Zoals ik nu zal laten zien, kunnen we door deze concepten en theorieën het verband tussen drop en de Nederlandse identiteit beter begrijpen.

HOE DROP ONS NATIONALE SNOEPGOED WERD

Het proces waardoor drop ons nationale snoepgoed werd begon in de jaren veertig en vijftig met een wetenschappelijke interesse van Nederlandse artsen en biochemici in de mogelijke medicinale toepassingen van het belangrijkste bioactieve ingrediënt van zoethoutwortel, glycyrrhizine. Dit sloot perfect aan bij de zakelijke belangen van de Nederlandse zoethoutverwerkende industrie, en bij naoorlogse sociaal-economische veranderingen, zoals de opkomst van de auto, plastic verpakkingen en kortere werkweken. Een door de zoetwarenindustrie gefinancierd instituut begon in de jaren vijftig met wetenschappelijk onderzoek naar zoethout en suiker, het stabiliseren van de kwaliteit van ruwe ingrediënten en het promoten van dropproducten. Maar de wetenschappelijke doelen van de organisatie werden al snel opgegeven toen de commerciële productie en promotie van drop als snoepgoed zeer succesvol bleek te zijn. De directeur van het onderzoeksinstituut, de biochemicus Cornelis Nieman, had een groot talent voor het promoten van dropproducten. Hij verscheen in een witte laboratoriumjas op televisie en in kranten om interviews te geven, waarin hij de lange medicinale geschiedenis van drop benadrukte, en het vermeende Nederlandse karakter van dit 'gezonde snoep'.

Door deze strategieën van vererfgoedisering en folklorisering, en door Cornelis Nieman naar voren te schuiven als wetenschappelijk gezicht van het instituut en hem de rol van smaakmaker te geven, wist het instituut een stevige verbinding te leggen tussen zoethout en zoetwaren en nationale identiteit in het Nederlandse collectieve bewustzijn. In iets meer dan tien jaar waren deze vererfgoedisering en gastronationalisme van onderop, een vorm van banaal nationalisme die werd bepleit door directeur smaakmaker Cornelis Nieman en gefaciliteerd door de Nederlandse pers, zeer succesvol. Ons idee van drop als iets typisch Nederlands toont eens te meer aan dat erfgoed geen duidelijk afgebakende verzameling van uit het verleden geërfde goederen of praktijken is die probleemloos kan worden geclaimd of bezeten, maar veeleer een geconstrueerd discours.

Wat Nederlandse dropproducenten en Nieman in de jaren vijftig en zestig intuïtief heel goed begrepen, is dat niet authenticiteit en autoriteit als zodanig, maar de suggestie van authenticiteit en autoriteit erfgoed creëren door een bepaald product, in dit geval drop, als typisch Nederlands te bestempelen. Het vermeende gezag van de wetenschap kan als bestendiging dienen in dat proces. Pogingen om drop te vererfgoediseren en te folkoriseren door het neer te zetten als authentiek, lekker en gezond snoepgoed voor alle leeftijden, geslachten en sociale klassen, dat onlosmakelijk verbonden was met de Nederlandse identiteit, vielen in vruchtbare aarde. De naoorlogse samenleving, die worstelde met een gedeukte nationale identiteit, voorzien van goedkope, voorverpakte en algemeen verkrijgbare hedonistische consumptiegoederen en een nieuw gevonden rijkdom en vrije tijd, verwelkomde dit soort 'erfgoed' maar al te graag. Dat dit gebeurde met drop en niet met spekkies had dus te maken met een samenspel van wetenschappelijke, commerciële en sociaal-culturele factoren die bijzonder weinig te maken hadden met de daadwerkelijke authenticiteit of Nederlandsheid van het snoepgoed.

Een deel van dit artikel is in het Engels verschenen als Marieke M.A. Hendriksen, 'The Dutch and their love for liquorice: How a cough medicine became part of national identity,' *Food & History*, Vol. 21:2, 2023. De geschiedenis van drop in Nederland en de rol van Cornelis Nieman worden in detail besproken in Marieke M.A. Hendriksen (2023), *Het Grote Dropboek*. Zwolle: Just Publishing.

EEN KIJKJE IN DE KEUKEN VAN HET MEERTENS INSTITUUT

Collectie: Onderzoek naar conserveren en bewaren van levensmiddelen

Lidy Jansen

Hoe bewaar je de rijke oogst aan groenten en fruit uit je eigen moestuin als je geen vriezer hebt? Tot ver in de jaren vijftig was het inmaken van voedsel de gebruikelijke manier om het te conserveren en later te kunnen gebruiken. Dit was in elk geval zo op het Limburgse platteland, waar door de Landbouwhogeschool Wageningen een enquête werd uitgezet met vragen als: 'Hoe gaat u bij het inmaken van erwten te werk?' 'Hoe lang neemt u de steriliseertijd voor bladgroenten/erwten/andere groenten/tomaten, appelmoes, peertjes?'

Deze archiefcollectie is door de toenmalige Landbouwhogeschool geschonken aan het Meertens Instituut, waar voedselcultuur door de jaren heen regelmatig in de belangstelling stond. Sommige vragen uit deze enquête roepen een beeld op van andere tijden: 'Bent u in het bezit van een radio?' 'Leest u de rubriek voor de vrouw in uw dag-, week- of maandblad?' Dat geldt ook voor de manier waarop de gegevens verwerkt zijn, namelijk op ponskaarten. Toch zit er ook een eigentijds tintje aan het geheel, nu oude technieken als fermenteren en wecken weer in de belangstelling staan van restaurants en hobbykoks.

Bron: Meertens Instituut, archiefcollectie 9: Onderzoek naar het conserveren en bewaren van levensmiddelen op het platteland, 1953-1954.

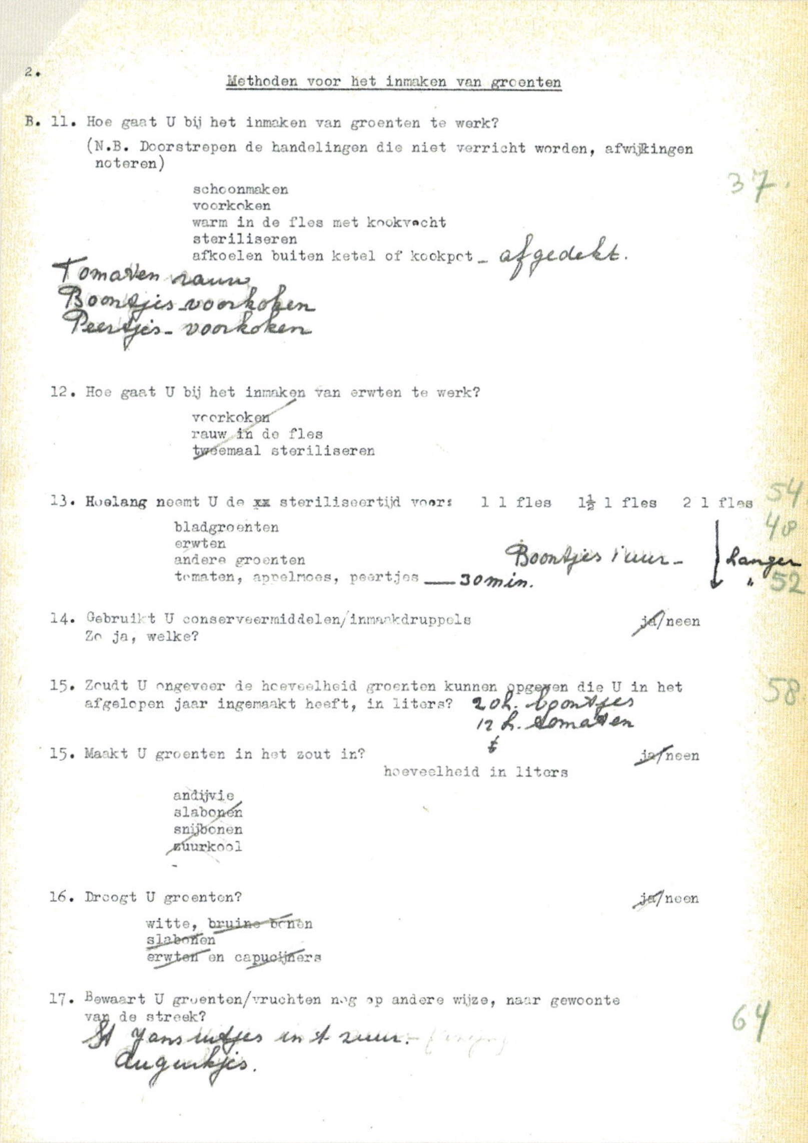

2.

Methoden voor het inmaken van groenten

B. 11. Hoe gaat U bij het inmaken van groenten te werk?
(N.B. Doorstrepen de handelingen die niet verricht worden, afwijkingen noteren)

schoonmaken
voorkoken
warm in de fles met kookvocht
steriliseren
afkoelen buiten ketel of kookpot _ afgedekt.

Tomaten rauw
Boontjes voorkoken
Peertjes- voorkoken

12. Hoe gaat U bij het inmaken van erwten te werk?

voorkoken
rauw in de fles
tweemaal steriliseren

13. Hoelang neemt U de steriliseertijd voor: 1 l fles 1½ l fles 2 l fles

bladgroenten
erwten
andere groenten
tomaten, appelmoes, peertjes ___ 30 min.

14. Gebruikt U conserveermiddelen/inmaakdruppels ja/neen
Zo ja, welke?

15. Zoudt U ongeveer de hoeveelheid groenten kunnen opgeven die U in het afgelopen jaar ingemaakt heeft, in liters?

15. Maakt U groenten in het zout in? ja/neen
hoeveelheid in liters

andijvie
slabonen
snijbonen
zuurkool

16. Droogt U groenten? ja/neen

witte, bruine bonen
slabonen
erwten en capucijners

17. Bewaart U groenten/vruchten nog op andere wijze, naar gewoonte van de streek?

Afb. VII: Ingevulde enquête over methoden voor het inmaken van groenten (1953-1954). Meertens Instituut Amsterdam, Onderzoek naar het conserveren en bewaren van levensmiddelen op het platteland, 1953-1954, archiefcollectie 9.

7 Geen water, maar bier?

Een groot misverstand over drinken in de Nederlandse geschiedenis

Milja van Tielhof

Toen er nog geen waterleiding was, dronken mensen geen water maar bier, zo luidt een bekend cliché in de Nederlandse geschiedenis. De reden zou zijn dat bier veiliger was voor de gezondheid, omdat het water uit grachten en rivieren niet schoon genoeg was om te drinken. Recent onderzoek laat echter zien dat de werkelijkheid heel anders was. Het was volstrekt normaal om water te drinken, zelfs in steden met vervuild oppervlaktewater. In deze bijdrage pleit ik er daarom voor om drinkwater volwaardig deel uit te laten maken van de geschiedenis van de Nederlandse eetcultuur.[92] Daarbij zal ik onder andere voorbeelden geven met betrekking tot weeshuizen. De reden daarvoor is dat het cliché over water en bier zelden ontbreekt in de historische literatuur over dit soort tehuizen.[93] Het feit dat zelfs kinderen bier kregen, lijkt te bewijzen dat water drinken taboe was. Dit was echter niet het geval.

BACTERIËN

Laten we eerst eens kijken naar de redenering achter de these 'geen water, maar bier'. Water zou onveilig voor de gezondheid zijn, maar bier niet omdat de bacteriën doodgaan tijdens het brouwen. Problematisch aan dit argument is dat in de middeleeuwen en vroegmoderne tijd bacteriën nog onbekend waren. Pas in de negentiende eeuw werd bekend dat ziekteverwekkers, zoals de cholera- en de tyfusbacterie, zich via besmet water verspreidden. Het is waar dat Antoni van Leeuwenhoek al in de zeventiende eeuw verschillende soorten water door zijn microscoop onderzocht en daarin iets zag bewegen. Zo schreef hij dat hij omstreeks half september 1675 'levende schepselen' had ontdekt in regenwater, dat slechts enkele dagen in een nieuwe ton had gestaan. Hij omschreef ze vervolgens als 'diertgens', die wel duizend maal kleiner leken dan watervlooien. Van Leeuwenhoek had als eerste in de geschiedenis eencellige micro-organismen waargenomen. Het jaar daarop zag hij, eveneens als eerste ter wereld, bacteriën, maar hij had geen idee wat hij precies zag en dat gold ook voor de deskundigen die zijn waarnemingen daarna bevestigden.[94] Het idee dat bacteriën mensen infecteerden en dat drinkwater daardoor een bron van besmetting kon zijn, ontstond pas later en bleef toen nog lange tijd zeer omstreden. Tijdens een onderzoek naar de oorzaken van de Leidse cholera-epidemie van 1866 bijvoorbeeld, slaagden de onderzoekers er niet in om een duidelijk verband aan te tonen met de drinkwatervoorziening.[95] De claim dat bier de voorkeur genoot omdat water mogelijk ziektekiemen bevatte, is een projectie van moderne medische inzichten op de middeleeuwen en vroegmoderne tijd. Er bestond toen nog geen algemeen wantrouwen ten aanzien van water.

Dat water drinken niet per definitie als gezondheidsrisico werd beschouwd, blijkt onder andere uit de veelvoorkomende straf van opsluiting op water en brood. Deze straf kon aan misdadigers worden opgelegd, maar werd ook veel toegepast in weeshuizen. De maatregel staat onder andere in de reglementen van weeshuizen in Haarlem, Hoorn, Delft en Leiden. Het was hierbij uiteraard niet de bedoeling om de kinderen met een ziekte te besmetten. Het ging om ontbering. Weeskinderen kregen normaal gesproken licht-alcoholisch bier, waarvan je niet dronken werd. Ze hadden het liever dan water omdat het voedzamer, smakelijker en duurder was. Toen Jan Jansz. Verbeek in 1736 het erg bont maakte door (opnieuw) te proberen weg te lopen uit het Burgerweeshuis in Hoorn, werd hij gestraft en ten voorbeeld gesteld: '14 dagen aan tafel in praesentie van alle de kinderen te moeten eeten en drinken broot en water.'[96] Hierna zouden andere kinderen het wel uit hun hoofd laten weg te lopen. In juli 1766 werden jongens uit het Burgerweeshuis in Amsterdam veroordeeld tot zes of acht dagen 'te water en te brood' als straf voor respectievelijk het mishandelen van een zwangere vrouw en langdurig werkverzuim (sommige weesjongens werkten bij ambachtslieden in de stad).[97]

In de middeleeuwen en in de zeventiende en achttiende eeuw waren de meeste mensen ervan overtuigd dat ziekten niet ontstonden door het drinken van besmet water, maar door het inademen van bedorven lucht, ook wel miasma's genoemd. Vooral de lucht van rottend organisch materiaal werd gevreesd. De associatie van stank en ziekte is begrijpelijk, bijvoorbeeld bij de vele pestepidemieën. De pestbacterie verspreidde zich via vlooien op ratten en die ratten waren vaak te vinden bij stinkende vuilnishopen. Ook bij andere besmettelijke ziekten was de associatie van stank met ziekte logisch. Zo werd vlektyfus overgebracht door kleerluizen en die leefden op stinkende, lang niet gewassen kleding. Er werden ook wel alternatieve hypotheses geopperd om ziekte te verklaren, maar de associatie met besmette lucht in plaats van besmet drinkwater bleef toch eeuwenlang dominant. Het devies was de walmen van smerige grachten niet in te ademen en uit de buurt te blijven van bijvoorbeeld rotte vis.[98]

SOORTEN WATER

De geschiedenis van waterconsumptie kan gezien worden als deel van een bredere watercultuur. In de twintigste eeuw zijn Nederlanders eraan gewend geraakt een en dezelfde soort, namelijk leidingwater, voor vrijwel alles te gebruiken. Daarmee zijn de vele dimensies van een oudere, verfijnde watercultuur verdwenen. Tegenwoordig keren we onder druk van toenemende schaarste langzaam terug naar een meer gedifferentieerd watergebruik. Steeds meer bedrijven en consumenten maken bijvoorbeeld gebruik van regenwater, gerecycled afvalwater of gedeeltelijk ontzilt zeewater.

In de middeleeuwen en vroegmoderne tijd was er sprake van een opvallend groot 'waterbewustzijn', waarbij verschillende soorten water gebruikt werden voor verschillende doeleinden. Zo werd een andere kwaliteit gekozen om te drinken en eten te koken, dan om te wassen,

Afb. 7.1: Jacobus Johannes Lauwers, *Een vrouw bij een waterput* (1799). Olieverf op doek, 44.9 × 35.9 × 2.8 cm. Rijksmuseum Amsterdam, SK-A-1073.

vloeren te dweilen en branden te blussen.[99] Hierbij speelden allerlei kwaliteitsaspecten een rol, zoals de vraag of water zoet, zout of brak was, schoon of vuil, kalkrijk of zacht, en ook de beschikbaarheid en kosten waren relevant. Was het schaars of overvloedig aanwezig, bevond het zich bij huis of verder af, moest er voor betaald worden? Al deze elementen waren sterk lokaal bepaald en verschilden per seizoen. Alleen water dat helder, reukloos en smaakloos was, werd als drinkwater beschouwd. Vervuild of verzilt grachtenwater gold dan ook niet als drinkwater. Veel Nederlandse steden beschikten over oppervlaktewater van goede kwaliteit, dankzij de nabijheid van beken en stromende rivieren. Rotterdamse notariële akten uit de zeventiende eeuw laten zien dat huishoudens het water om mee te koken gewoon uit de stadsgrachten haalden, want het Maaswater was schoon genoeg.[100] We weten dat brouwers vaak zoet en schoon oppervlaktewater als grondstof gebruikten voor de bereiding van bier. De brouwers van Amersfoort gebruikten het water van de Eem en die van Den Bosch het water van de Dieze, om slechts twee voorbeelden te noemen. We mogen hieruit afleiden dat dit water ook als drinkwater werd beschouwd, want bier werd gebrouwen van water dat al *voor* het brouwen schoon genoeg werd geacht voor consumptie.[101] Alleen al daarom is de gedachte dat ondrinkbaar water door brouwen veranderde in drinkbaar bier weinig overtuigend.

Veel steden hadden behalve goed oppervlaktewater ook drinkbaar grondwater. Zo werden in de stad Utrecht in de achttiende eeuw verschillende diepe putten geboord die drinkwater van uitstekende kwaliteit leverden. Het water uit de Utrechtse Mariapomp was zelfs zo beroemd dat het werd uitgevoerd naar andere steden. Verder waren natuurlijk vooral de oostelijke en zuidelijke gewesten rijkelijk voorzien van goed grondwater, zoals nu nog. Maar ook op verschillende plaatsen in de kustprovincies kon je drinken uit de put. Zo bevat het notariële archief van Den Haag een getuigenverklaring uit 1650 waaruit blijkt dat een vrouw, genaamd Lijsbeth, om een glaasje water uit de pomp vroeg. Ze was flauwgevallen in een herberg, en de herbergier had haar klein bier aangeboden, maar zij antwoordde daarop: ‘neen, maer haelt mijn een glas met water.' Daarop ging een andere vrouw naar achteren, naar de pomp, om dat te halen.[102]

Ook regenwater diende als drinkwater, om mee te koken, koffie en thee van te zetten en bier van te brouwen. Middelburgse weesjongens die uitzeilden op schepen van de VOC of de WIC vonden bij hun uitrusting een waterzeil om regenwater op te vangen voor de dorst.[103] Het memorieboek van de welgestelde Maria van Nesse (1588-1650) in Alkmaar laat zien dat zij in haar huishouden zowel regen-, put- als slootwater gebruikte. Wollen kousen konden het beste in slootwater worden gewassen, maar in de keuken koos zij vaak voor regenwater. Maria maakte bijvoorbeeld vruchtengelei door kweeperen met suiker en regenwater te koken.[104] Verder vermelden zeventiende-eeuwse reisverslagen van vreemdelingen dat Amsterdammers kookten met regenwater.

De consumptie van regenwater wordt begrijpelijk als we bedenken dat er al vroeg methoden bestonden om het te zuiveren, bijvoorbeeld door middel van bezinking of door filteren. Tussen dakgoot en regenpijp werden filters aangebracht die het grove vuil tegenhielden en in de keuken liet men water door grote poreuze stenen sijpelen om de resterende verontreiniging te verwijderen.[105] De uitvinder en ingenieur Simon Stevin beschreef in het begin van de zeventiende eeuw een technologie waarmee regenwater onder de grond door zand gezuiverd werd, zodat het water 'beter en gesonder om drincken is'.[106] Dat het gebruikelijk was regenwater te drinken, blijkt ook uit het feit dat al in de zeventiende eeuw waarschuwingen klonken voor loodvergiftiging als gevolg van het gebruik van loden regenpijpen.[107]

Wanneer grond-, oppervlakte- en regenwater onvoldoende opleverden, kon er altijd nog water van elders worden geïmporteerd. Dit was vaak alleen incidenteel of op beperkte schaal nodig, bijvoorbeeld voor de Leidse en Alkmaarse brouwerij. Alleen in Amsterdam gebeurde het importeren van water structureel en op grote schaal, van het einde van de zestiende tot het midden van de negentiende eeuw. Waterschuiten voeren af en aan naar de rivier de Vecht, waar zij op verschillende inlaatpunten in het gewest Utrecht rivierwater inlaadden voor de brouwers en voor de bewoners van arme wijken die slechts kleine regenbakken hadden.[108] Het argument dat mensen bier dronken omdat het stadswater vervuild was, klopt dus niet. Elke stad, elk dorp had wel een of meer soorten water die beschouwd werden als drinkbaar. Mensen waren zich goed bewust van de kwaliteit van de verschillende soorten.

WATER DRINKEN VOOR DE GEZONDHEID

Het oude misverstand over het drinken van (veilig) bier in plaats van (onveilig) water in een wereld zonder waterleiding, suggereert een zekere starheid in opvattingen. Recent onderzoek toont juist aan dat de ideeën over wat water met gezondheid doet heel dynamisch waren. De geschiedenis van drinkwater in Nederland is er een van veranderingen, die niet minder groot zijn dan bij andere dranken en voedingsmiddelen.

In de middeleeuwen en in de zestiende eeuw had water een lage status, niet omdat het onveilig werd geacht, maar omdat het goedkoop was en geen voedingswaarde bezat. Het drinken van water was zeker niet taboe, maar het was toen vooral iets voor arme mensen, die zich niets anders konden permitteren. Volgens Leen Alberts, die veel onderzoek deed naar de middeleeuwse bierbrouwerij en de consumptie van bier en van water, was drinkwater volgens de toenmalige opvattingen geschikt voor beesten, monniken die boete wilden doen en gevangenen.[109] Later veranderden de ideeën hierover radicaal. In de vroegmoderne tijd raakten steeds meer artsen en wetenschappers in Europa ervan overtuigd dat water drinken de gezondheid bevorderde. Een bekend voorbeeld hiervan is Friedrich Hoffmann (1660-1742), arts in Halle, die water zelfs aanprees als universeel medicijn dat talrijke kwalen zou kunnen voorkomen en genezen. Bob Pierik heeft laten zien dat Hoffmann geïnspireerd werd door de Nederlandse artsen Cornelis Bontekoe (1647-1685) en Steven Blankaart (1650-1704). Deze twee publiceerden niet alleen geschriften waarin ze enthousiast koffie en thee aanprezen, maar hielden ook een stevig pleidooi voor het drinken van water. Mede door hun werk is in de Nederlandse Republiek in de tweede helft van de zeventiende eeuw een uitgesproken positieve houding ontstaan ten opzichte van waterconsumptie. Interessant is dat Pierik de nieuwe waardering voor water bij medici als Bontekoe en Blankaart verbindt aan de dagelijkse praktijken rond het zuiveren en drinken van regenwater, die inmiddels in de steden van de Republiek wijdverbreid waren geworden. Deze sociale context lijkt bepalend te zijn geweest voor de veranderende wetenschappelijke inzichten, die vervolgens dus ook invloed hadden in het buitenland.[110]

Bij de toenemende waardering van drinkwater sinds de zeventiende eeuw ging het vooral om gewone soorten die ruim voorhanden waren, zoals grond-, regen- en rivierwater. Er werd ook steeds meer mineraalwater uit het Duitse Rijk en Bohemen in de Republiek ingevoerd, zoals blijkt uit waterkruiken die in de Amsterdamse grachtengordel door archeologen zijn opgegraven.[111] Artsen prezen echter vooral gewoon water aan, zolang het maar kleurloos, geurloos en smaakloos was. Over welke soort het beste was, bestond discussie, net als over de vraag of water koud of warm gedronken moest worden.[112] Dat het beter was dan bijvoorbeeld alcoholische dranken, stond voor de meeste artsen in de achttiende eeuw wel buiten kijf.

Of deze opvattingen zich ook verder in de maatschappij verspreidden, daarover weten we nog vrijwel niets. Fascinerend is een verklaring uit 1779 van een arts in Haarlem, een stad waar een goede kwaliteit grond- en oppervlaktewater in overvloed voorhanden was. Hij verklaarde dat hij in de achttien jaar dat hij stadsarts was, nooit gezien had dat behoeftige mensen zuiver water dronken als dagelijkse drank. Zij verkozen slappe koffie of thee, waarvan ze heel veel dronken. Voor de rijke bovenlaag van de Haarlemse bevolking daarentegen was de gewone drank bij het eten zuiver putwater, en anders namen zij wijn of water gemengd met wijn.[113] Kennelijk had de elite een totaal nieuwe, namelijk positieve, houding aangenomen ten opzichte van water, vergeleken met die in de middeleeuwen en de zestiende eeuw. Dit gold echter niet voor alle sociale groepen.

WATER *EN* BIER

Er is iets voor te zeggen om de traditionele these te vervangen door de stelling dat mensen water *en* bier dronken. Zoals velen tegenwoordig door de dag heen zowel koffie als thee drinken, hoefden water en bier elkaar niet uit te sluiten. Het nieuwe beeld laat ruimte voor historische nuances en ontwikkelingen, in tegenstelling tot het oude, nogal categorische cliché. Het roept vragen op rond de opvattingen over waterconsumptie en de dagelijkse praktijken, en over de sociale verschillen. Welke soort water werd bij welke gelegenheid gepast geacht? Welke groepen dronken water? Wat was het verschil tussen kinderen en volwassenen, en tussen mannen en vrouwen? Bij een onderzoek naar dagelijkse dranken in het laatste kwart van de achttiende eeuw werd in Harlingen en Maassluis bijvoorbeeld gerapporteerd dat vooral vrouwen veel warm of lauw water dronken, zonder dat daarvoor een verklaring wordt gegeven.[114] We lopen al snel aan tegen het probleem dat zowel de opvattingen als de dagelijkse praktijken rondom water drinken moeilijk te onderzoeken zijn, zeker als het de minder gefortuneerde lagen van de bevolking betreft.

Waterconsumptie is nauwelijks gedocumenteerd. In persoonlijke geschriften als brieven en dagboeken blijven de gewone routines in het dagelijks leven vaak onbenoemd. Voor de geschiedenis van bier hebben we veel bronnen, omdat de productie en verkoop uitgebreid was gereguleerd en er verschillende belastingen op werden geheven, maar gewoon water werd niet belast en er werd doorgaans niet voor betaald. Terwijl de massale consumptie van bier evident is, is die van water veel moeilijker aan te tonen. We moeten bronnen aanboren die wellicht minder voor de hand liggen en nieuwe methoden ontwikkelen om te weten te komen of er water werd gedronken in situaties waarbij dat niet expliciet wordt vermeld. Soms moeten we tussen de regels door lezen.

De situatie in weeshuizen neem ik hier als voorbeeld. Deze instellingen worden, zoals eerder gezegd, graag gebruikt als bewijs voor de stelling ‘geen water, maar bier’, omdat het tegenwoordig merkwaardig overkomt dat zelfs jonge kinderen bier kregen. We zagen echter al dat dit de regenten niet ervan weerhield om ongehoorzame kinderen op water en brood te zetten. Er is dan ook geen enkele reden om te denken dat water drinken taboe was. Een methode om dit te bewijzen gaat uit van het feit dat de kinderen niet onbeperkt bier mochten drinken. Interne regels van weeshuizen schreven voor dat er bijvoorbeeld één (grote) kroes bier per zes kinderen werd geschonken (Groningen), of een (kleine) halve fles per persoon (Middelburg).[115] Financiële administraties wijzen in dezelfde richting. Zo kocht het Aalmoezeniersweeshuis in Amsterdam in de periode 1731-1744 een hoeveelheid bier die omgerekend neerkomt op ongeveer een halve liter per kind per dag. Die relatie was opmerkelijk constant. Dit betekent concreet vermoedelijk drie keer per dag een klein glas of tweemaal een wat groter glas, bij een maaltijd. Er werd toen nog geen koffie en thee in deze instelling gedronken en de melk en karnemelk (omgerekend ongeveer 0,7 liter per kind) diende vooral om pap van te maken.[116] Het kan bijna niet anders of de kinderen mochten water drinken in aanvulling op die halve liter bier per dag. Vooral op hete zomerdagen moet dit hard nodig zijn geweest.

Waarschijnlijk was er in kindertehuizen in de keuken of op een binnenplaats ergens een pomp of vat waaruit water gedronken mocht worden, ter aanvulling op de kleine porties bier. In het Aalmoezeniersweeshuis in Amsterdam werd in 1714 een rechtstreekse toegang gemaakt naar de bijkeuken waar de pomp stond, zodat kinderen 'die de toegang tot het water hebben' niet meer door de keuken hoefden te lopen, met alle wanorde van dien.[117] Een toevallige vermelding uit het Burgerweeshuis in Hoorn toont dat kinderen soms zelfs vrijwillig drinkwater verkozen boven bier. Het grondwater bij het weeshuis was verzilt, maar het tehuis had ondergrondse regenwaterbakken. Toen het bier in het weeshuis in februari 1776 dun en waterig was en bovendien muf omdat het te lang op fust gelegen had, bleek 'dat veele der kinderen daarvoor prefereerde het regenwater direct uyt de pomp'.[118] In het jongensweeshuis van de Portugese joden in Amsterdam kregen de kinderen water en melk bij hun ontbijt, zoals een reglement uit 1817 vermeldt.[119] Het is over het algemeen onbekend wat in zorginstellingen 's ochtends gedronken werd, maar dit jongensweeshuis zal niet het enige zijn geweest waar drinkwater op tafel kwam.

EEN CULTURELE GESCHIEDENIS VAN WATER DRINKEN

Misschien zal het nooit helemaal lukken om het grote publiek afstand te laten nemen van het idee dat mensen uit gezondheidsoverwegingen geen water, maar bier dronken. De in april 2023 gelanceerde website *Canon van de Nederlandse biercultuur* stemt echter bijzonder hoopvol. Deze website, bestemd voor een brede doelgroep, verwijst het idee klip en klaar naar het rijk der fabelen.[120] Loslaten van het vastgeroeste denkbeeld komt niet alleen de bierhistorie ten goede, maar schept ook ruimte voor een rijke cultuurgeschiedenis van water drinken. Deze geschiedenis beslaat vele eeuwen met steeds weer veranderende opvattingen en praktijken, afhankelijk van de natuurlijke omgeving waarin mensen leefden, hun sociaaleconomische positie, leeftijd en gender. De ontwikkeling van nieuwe vragen en methoden en de toepassing van nieuwe digitale zoekmethoden zal ons helpen bij het schrijven van die nieuwe geschiedenis.

Collectie: Brochures inzake voeding

Lidy Jansen

Het uiterlijk van de brochures en receptenboekjes op afb. VIII verraadt in één oogopslag de tijd waaruit ze dateren, door hun vormgeving en door titels als: 'Recepten voor vleeschgerechten van den Nederl. Slagersbond', of 'Voedingtips voor kamerbewoners'. Traditionele recepten liggen in de archiefdozen van deze collectie gebroederlijk naast gedrukte uitgaven waarin nieuwe groenten- en fruitsoorten en onbekendere voedingsgewoonten centraal staan. 'De Nederlandse aardappel' heeft een plekje gekregen naast het boekje *Nieuwe Nederlanders koken anders* en *Bijzondere groenten en vruchten uit binnen- en buitenland*. De losbladige uitgave waarin de huisvrouw inspiratie kon opdoen voor 'haar man en kinderen' is na de komst van internet vervangen door receptensites, en foodbloggers waren in de jaren dat deze collectie tot stand kwam nog niet actief. Maar wie onderzoek doet naar de veranderingen in de Nederlandse voedselcultuur, krijgt in deze collectie ook een indruk van de constante factoren, zoals aandacht voor diëten om af te vallen en zeker ook 'niet duur en toch goed eten'.

De collectie werd in 2011 geschonken en is afkomstig van voedingsdeskundige B. Mennen, die de boekjes gebruikte voor voorlichtingsbijeenkomsten door het hele land. Naast recepten en achtergrondinformatie over ingrediënten bevat de collectie ook veel voorlichtingsmateriaal, met name voedingsadviezen voor peuters en kleuters. Al met al biedt het een mooi inkijkje in de alledaagse voedselcultuur van de naoorlogse jaren tot in de jaren negentig. Door vorm en inhoud een collectie om van te smullen.

Bron: Meertens Instituut, archiefcollectie 442: Brochures inzake voeding

Afb. VIII: Brochures en receptenboekjes. Meertens Instituut Amsterdam, Brochures inzake voeding, archiefcollectie 442, Foto: Peter Jan Margry.

8 Van persoonlijke gezondheid naar *planetary health*

Waarom duurzamer eten ingewikkeld is

Rebeca Ibañez Martín & Marieke van Erp

Voedsel is een fundamentele menselijke behoefte, essentieel om het menselijk lichaam in leven te houden, maar het is ook essentieel voor het 'sociale lichaam'. Wat we eten, met wie en welke keuzes we daarin maken zijn allemaal diepe sociale dynamieken. Wat we eten, waar het vandaan komt en hoe ons lichaam door voedsel wordt beïnvloed, zijn vragen die zowel antropologen als geesteswetenschappers interesseren om culturen en samenlevingen te begrijpen. Hierbij kijken we ook naar mondiale en historische contexten. Neem bijvoorbeeld suiker. Chemisch gezien verwijst suiker naar sucrose, een combinatie van glucose- en fructosemoleculen. Het is een essentiële energiebron voor het menselijk lichaam en komt van nature voor in verschillende vruchten, groenten en zuivelproducten. Maar suiker is veel meer dan zijn chemische bestanddelen.

Zo is suiker bijvoorbeeld geëvolueerd van een luxe voor de elite naar een wijdverspreid en essentieel onderdeel van het dieet van mensen, vooral in de arbeidersklasse. Historici als Mintz en Bosma onderzoeken verbanden tussen suikerproductie, slavernij en de uitbuiting van arbeid, en werpen zo een licht op de duistere aspecten van de geschiedenis van suiker.[121] Het bestuderen van één voedingsmiddel of grondstof levert wetenschappers inzichten op over de geschiedenis en het karakter van de moderne wereld. In het geval van suiker zien we dat het belang en de popPopulariteit ervan samenviel met de opkomst van thee. Suiker was de zoetstof die de drank enorm populair maakte en is ook verweven met het koloniale slavernijverleden. Met deze benadering van suiker kunnen we suiker niet alleen zien als een biochemische entiteit, maar ook als een historische entiteit, gesitueerd in specifieke arbeids-, koloniale en handelspraktijken.

Maar er zijn nog veel meer manieren om over suiker te denken en er een relatie mee te hebben, zowel theoretisch als praktisch. De meesten van ons denken op een andere manier over suiker, namelijk in relatie tot gezondheid.[122] Gezondheid is namelijk een alledaagse manier geworden om betekenis en waarde te geven aan de relatie van eters met voedsel.[123] Er zijn twee grote zorgen over voeding en gezondheid: de ene gaat over het risico van door voedsel overgedragen ziekten of toxiciteit, en de andere over niet-overdraagbare ziekten die verband houden met voeding en lichaamsgewicht. De meesten van ons zijn wel bekend met het belang van gezonde, evenwichtige voeding, zoals niet te veel suiker eten om gezond te blijven en de ontwikkeling van stofwisselingsziekten te voorkomen. Maar voeding en eten zijn ook onderhevig aan 'opkomende normen'[124] We kunnen ons steeds meer verplicht voelen om 'langzaam' te eten, 'schoon' te eten, 'lokaal' te eten, 'seizoensgebonden' te eten of 'mindful' te eten. Nieuwe normen geven vorm aan onze visie op wat goed is om te eten. Dat is precies waar dit hoofdstuk over gaat: nieuwe normen met betrekking tot eten: die van 'planetaire gezondheid', die mogelijk zal veranderen wat eters beschouwen als goed voedsel om te eten. In dit hoofdstuk verkennen we kort de overgang van een *individueel begrip van gezonde voeding* (vermijd het eten van suiker om de individuele gezondheid te beschermen) naar een *planetair begrip van gezonde voeding* (is het eten van suiker duurzaam voor de planeet?) in de Nederlandse context. We presenteren daarbij de resultaten van een onderzoeksproject dat technologie en antropologie combineert om consumenten handvatten te bieden om meer inzicht te krijgen in de duurzaamheid van hun voedingspatroon en wat zij zelf kunnen doen.

DE DEFINITIE VAN 'GOED' VOEDSEL

Wat zou ik moeten eten? Dit is een vraag die velen van ons (eters, consumenten, koks, ouders, gewoon mensen dus) zich vaak stellen als we geconfronteerd worden met de enorme hoeveelheid voedselkeuzes waar we iedere dag mee te maken krijgen. De betekenis van 'goed' hangt af van de situatie. Goed eten kan een vette maaltijd zijn op een katerdag, om bij te komen. Goed eten kan een snel havermoutontbijt zijn op een drukke ochtend, of een vegetarische maaltijd bestaande uit groenten, rijst en bonen, gekozen door een vrouw die gezond wil blijven tijdens haar zwangerschap. Voedselkeuzes zijn contextgebonden, gelokaliseerd en spelen in op de complexiteit van het leven van mensen. Dat geldt ook voor de definitie van 'goed' voedsel. In de meeste landen, waaronder Nederland, wordt het antwoord op de vraag wat 'goede voeding' is echter gedomineerd door het begrip van individuele 'gezondheid' voor een 'gezond dieet'. Goede voeding is gelijkgesteld aan een individueel gezond voedingspatroon als een universeel goed. Wat een gezond voedingspatroon is, wordt gedefinieerd door de voedingswetenschap, die voedsel opsplitst in voedingscomponenten of voedingsbouwstenen.

De meeste consumenten zullen het nieuwe Nutri-Score-logo weleens gezien hebben tijdens het boodschappen doen (zie afb. 8.1). Dit logo is in 2017 in Frankrijk geïntroduceerd en wordt nu in steeds meer Europese landen gebruikt. Het idee achter deze nieuwe etikettering is dat een voedselkeuzelogo consumenten kan helpen gezonde(re) voedselkeuzes te maken en zo bij te dragen aan minder overgewicht.

Sinds het begin van de twintigste eeuw wordt het antwoord op de vraag wat een gezond dieet zou kunnen zijn, beantwoord door voedingsadvies dat gericht is op de invloed van voeding op de individuele gezondheid van de consument. *Wat goed is voor mijn individuele gezondheid is goed om te eten*. Overwegingen over de individuele

Afb. 8.1: Schijf van Vijf (edu.nl/7xpkn) en Nutri-Score (edu.nl/vqbam).

gezondheid van mensen zijn van oudsher bepalend geweest voor aanbevelingen over wat men zou moeten eten. In de meeste landen geven overheidsinstellingen hun burgers voedingsaanbevelingen voor een gezonde voeding.[125] De instellingen die verantwoordelijk zijn voor het produceren en verspreiden van de informatie uploaden hun richtlijnen op speciale websites en drukken ze af in kleurrijke brochures. Leraren, zorgmedewerkers, verloskundigen en vrijwilligers geven voorlichting aan kinderen op scholen, organiseren informatiebalies in de wachtkamers van huisartsen of delen brochures uit in openbare ruimtes. Wat de regeringen met deze aanbevelingen willen bereiken, is het verbeteren van de 'volksgezondheid' door individuen voor te lichten en hun voedingspatronen te veranderen.[126]

De 'juiste voedingsinformatie' is gebaseerd op kennis uit de voedingswetenschap, de discipline die zich bezighoudt met het bestuderen van de metabolische en fysiologische reacties van het lichaam op voedsel, en epidemiologische studies in grote bevolkingssteekproeven. Hierdoor kunnen deze wetenschappen kennis produceren over gezonde voeding: voeding die goed is voor het individuele lichaam. In Nederland is 'de Schijf van Vijf' het belangrijkste hulpmiddel bij 'gezond eten' (zie afb. 8.1).[127] Net als bij het Amerikaanse MyPlate geeft de grootte van een vak in de schijf aan hoeveel van deze specifieke voedselgroep moet worden gegeten.

Niet alleen de methode en criteria voor het classificeren van voedingsmiddelen verschillen binnen een land (de Nutri-Score of de Schijf van Vijf in Nederland) of van land tot land (het Britse stoplicht of het Scandinavische sleutelgat). Wat als goed of slecht wordt beschouwd om te eten in relatie tot gezondheid verandert ook, afhankelijk van wetenschappelijke hypotheses en epidemiologische studies. Een goed voorbeeld is de cholesterolhypothese. De cholesterolhypothese verwijst naar de algemeen aanvaarde theorie dat een verhoogd cholesterolgehalte, met name LDL-cholesterol (*low-density lipoprotein*), bijdraagt aan de ontwikkeling van hart- en vaatziekten. De hypothese suggereert dat het verminderen van de inname van cholesterol en verzadigd vet via de voeding kan helpen om het cholesterolgehalte te verlagen en het risico op hart- en vaatziekten te verkleinen. De cholesterolhypothese heeft echter geleid tot controverse en discussie in de wetenschappelijke gemeenschap, met name over de directe relatie tussen cholesterol via de voeding en cholesterol in het bloed. Eerder onderzoek stelde dat de inname van cholesterol uit voeding, zoals eieren, bijdroeg aan hogere cholesterolwaarden in het bloed. Recentere onderzoeken hebben echter aangetoond dat cholesterol in de voeding bij de meeste mensen een beperkte invloed heeft op het bloedcholesterolgehalte. Nieuw onderzoek toont aan dat het cholesterolgehalte strak door het lichaam wordt gereguleerd en dat cholesterol in de voeding een relatief klein effect heeft in vergelijking met verzadigde en transvetten. De tijd waarin het eten van meer dan een paar eieren per week als slecht voor de individuele gezondheid werd beschouwd is voorbij. Als het gaat om dieetadvies en voedingsadviezen, is het wel belangrijk om in het achterhoofd te houden dat het wetenschappelijk onderzoek op dit gebied nog gaande is en dat de interpretatie van bewijs sterk kan variëren.

Maar hoe zit het dan met persoonlijke keuzes? En maatschappelijke verwachtingen? Eten wordt bepaald door een groot aantal sociale dynamieken, waarbij voedingsinformatie over gezonde voeding vaak op zijn best een marginale rol speelt in de beslissingen van eters. Of zoals gezondheidsethici Vandamme, Van de Varhorst en Beaufort stellen: 'ingrijpen in het eetgedrag van mensen om gezondheidsredenen is niet moreel neutraal, omdat eetgedrag gerelateerd is aan onze persoonlijke en sociale identiteit, aan onze cultuur en traditie en er als zodanig *veel waarden aan voedsel verbonden* zijn. Het ethische perspectief op de verandering van eetgewoonten en daarmee van eetculturen is relatief nieuw'.[128]

Voedselkeuzes zijn onderhevig aan verschillende normen, dit betekent dat iedereen anders tegen voedselkeuzes aankijkt en andere keuzes maakt. In de volgende paragraaf gaan we verder in op de manier waarop verschillende normativiteiten voedselkeuzes beïnvloeden en dus voedingspatronen vormgeven. Jarenlang, zo stellen we, is de belangrijkste zorg van voedingsaanbevelingen geweest om een positieve invloed op de *individuele gezondheid* te hebben. Nieuwe opkomende normen veranderen echter het veld, en hiermee ontwikkelt zich ook het veld van *planetaire gezondheid*. Waar gaat dit allemaal over?

NIEUWE NORMEN IN OPKOMST

In 2019 publiceerde *The Lancet* het rapport van de EAT-Lancet Commissie over 'Healthy Diets From Sustainable Food Systems'.[129] Dit rapport herintroduceerde het concept 'planetaire gezondheid', dat in 2015 werd bedacht door de Rockefeller Foundation en *The Lancet*. De belangrijkste conclusie en het advies van het rapport voor planetaire gezondheid is om over te stappen op een plantaardig dieet. De gezondheid van mensen, zo stelde de commissie, staat op het spel, maar dat geldt ook voor de 'planetaire gezondheid'. De twee ideeën van gezondheid kunnen niet langer los van elkaar worden gezien of geïsoleerd, aldus het rapport. Planetaire en menselijke gezondheid zijn gerelateerd en moeten samen worden onderzocht en samen worden aangepakt. Kiezen wat je eet is niet alleen belangrijk voor je metabolische individuele gezondheid, het is ook van extreem belang voor de ecologische gezondheid van de planeet, die al veel te lang onder grote druk staat en onomkeerbare schade oploopt. In het rapport werd het kiezen van wat je eet niet langer alleen gepresenteerd als een kwestie van het beschermen van de individuele gezondheid, maar als een kwestie van het beschermen van en actie ondernemen voor 'planetaire gezondheid'. Het rapport stelde dat de manier waarop 'we' momenteel eten onze gezondheid, de gezondheid van anderen en de gezondheid van onze planeet vernietigt.[130] Ongezond voedsel is dodelijk, vervolgde het rapport, nog steeds eten 'we' meer suiker, vet en rood vlees dan ooit. Bovendien is voedselproductie de belangrijkste oorzaak van het uitsterven van soorten en een derde van alle broeikasgassen wereldwijd.

De vraag is of we een groeiende bevolking kunnen voeden zonder de planeet en onszelf te vernietigen. De commissie erkende dat de wetenschap geen duidelijk antwoord heeft op deze vraag, en verzamelde daarom 37 van 's werelds beste wetenschappers om te bepalen hoe een gezond en duurzaam dieet eruit zou kunnen zien en hoe we daar kunnen komen. Het resultaat is de bovengenoemde EAT-Lancet Commissie, voorgezeten door voedingswetenschapper Walter Willett en klimaatwetenschapper Johan Rockström, waarin een verschuiving naar een plantaardig dieet als belangrijkste advies wordt gegeven.

Dit idee van een 'planetaire gezondheid' door het ontwerpen van een 'planetair dieet' is weliswaar goed bedoeld, maar heeft een aantal valkuilen die we graag willen benadrukken voordat we verdergaan. Ten eerste zou een 'planetair dieet' zoals voorgesteld door de commissie weleens te duur kunnen zijn voor bijna 1,6 miljard mensen. Ten tweede, wie heeft het advies geschreven? De commissie werd voorgezeten door twee witte mannen en bestond uit een groep wetenschappers van voornamelijk Noord-Europese en Noord-Amerikaanse universiteiten. Ten derde, cultureel gezien is een poging om universele standaarden voor het voedselsysteem op te stellen voor *alle mensen* in de wereld controversieel, omdat het culturele, economische, maatschappelijke en contextuele verschillen van consumenten over de hele wereld negeert. Tim Lang parafraserend zouden we kunnen zeggen dat de kern van het probleem is dat *de wereld* niet kan eten zoals mensen in de Verenigde Staten of het Verenigd Koninkrijk, want als we dit blijven toestaan, zijn er niet genoeg planeten om de wereld te voeden met het volume of de keuze die Noord-Amerikanen en Europeanen momenteel genieten. In Nederland zou de uitdaging kunnen liggen bij varkensvlees, waarvan we veel consumeren en exporteren. Spanje is de tweede Europese consument van vlees. Dus hoewel wij als auteurs kritisch staan tegenover het idee om het *ongedifferentieerde* 'wij' de schuld te geven van de kwalen van onze planeet, zien we wel een taak voor ons als wetenschappers om een overgang naar meer plantaardig eten hier in Nederland te bevorderen.

Maar hoe doe je dat? Het advies is om over te stappen op een dieet op basis van planten en fruit, maar het ene fruit is het andere niet. Zo zijn in Nederland aardbeien in de winter minder duurzaam dan in de zomer, en hoe zit het met tomaten, of aardappelen buiten het seizoen? Met de jaren negentig-campagne van de overheid 'Een beter milieu begint bij jezelf' in het achterhoofd, bekijken wij wat we dicht bij huis, in Nederland, kunnen doen in plaats van het probleem mondiaal proberen op te lossen.

DUURZAME KEUZES IN HET 'BIG DATA'-TIJDPERK

Uit onderzoek blijkt dat mensen voedselkeuzes niet benaderen als diëten, maar als maaltijden en recepten. Als we in Nederland een verschuiving in diëten willen bewerkstelligen, kunnen we deze overgang ondersteunen door nieuwe hulpmiddelen te bieden voor het analyseren en stimuleren van mensen om duurzamere recepten te koken. Met Nederlandse supermarkten die zo'n 46 duizend verschillende producten aanbieden, de bloeiende kookboekenmarkt en samen meer dan tien miljoen mensen die per maand de websites van AH en Smulweb bezoeken, heeft ons voedsellandschap een probleem met een overdaad aan informatie. De voedingswaarde van porties is vaak beschikbaar bij recepten, en websites bieden vaak manieren voor gebruikers om alleen die recepten eruit te filteren die passen bij hun dieetvoorkeuren, zoals met of zonder vlees. Dergelijke informatie varieert echter per merk, grootte van het voedingsmiddel (als een recept vraagt om een middelgrote tomaat, gebruik je dan altijd een tomaat van precies 200 gram?), versheid (rijpe bananen hebben een hoger suikergehalte dan minder rijpe bananen). Daarnaast gebruiken verschillende tools voor het tellen van calorieën verschillende databases. Het beoordelen van de planetaire gezondheid van recepten is net zo ingewikkeld of zelfs nog ingewikkelder. Zoals je voor voeding naar verschillende dimensies kunt kijken, zoals calorieën of macro- en micronutriënten, kun je voor de impact op het milieu kijken naar landgebruik, broeikasgasemissies, eutrofiërende emissies (dit is de afvoer van overtollige voedingsstoffen die het omringende ecosysteem kunnen aantasten en vervuilen, *hallo stikstof!*), stress-gewogen watergebruik (het potentieel om bij te dragen aan waterschaarste en daarmee de beschikbaarheid van zoet water te beperken) en zoetwateronttrekkingen (zoet water dat permanent of tijdelijk aan grond- of oppervlaktewaterbronnen wordt onttrokken en naar een plaats van gebruik wordt getransporteerd, of waarom de productie van een liter amandelmelk nog steeds meer dan de helft van de hoeveelheid water verbruikt als koemelk, waardoor het een minder aantrekkelijk alternatief is dan bijvoorbeeld sojamelk, die slechts 4 procent verbruikt). Daarnaast maakt het voor de voetafdruk van een product ook uit of het

in het seizoen in de buurt wordt geproduceerd of buiten het seizoen in een kas die moest worden gebouwd en verwarmd. Daarbij moet worden opgemerkt dat niet alle verwarming hetzelfde is – in IJsland wordt geothermische energie gebruikt om niet alleen natuurlijke zwembaden als 'The Blue Lagoon' te verwarmen, maar ook tomatenkassen.
Het goede nieuws is dat veel informatie over de milieu-impact van voedingsmiddelen is verzameld en gecombineerd in een database die kan worden gekoppeld aan de ingrediënten van een recept om de milieuscore van een recept te berekenen.[131] In het onderzoeksproject '*Communicating the environmental impact of plant based recipes*' werkten de auteurs van dit hoofdstuk samen met collega's in Engeland, Noorwegen en elders in Nederland om consumenten, voedingsprofessionals en beleidsmakers meer inzicht te geven in de klimaatimpact van onze dagelijkse voeding. Daarnaast onderzoeken we verschillende belangen in eetwensen en hoe duurzame gezonde voeding geïntegreerd kan worden in verschillende Europese eetculturen. We hebben een tool gemaakt die automatisch de milieu-impact van een recept berekent met behulp van de Poore & Nemecek-database. De technologie 'leest' eerst een recept en haalt het uit elkaar zodat het 15 gram suiker kan koppelen aan de juiste invoer in de database. Het doet dit voor recepten in het Nederlands, Engels en Duits en stelt ons in staat om ze te vergelijken in een dashboard.

Het instrument is nog niet perfect – de databases zijn niet compleet en we hebben geen volledig overzicht van de productieketen – het maakt verschil of de appel die in je zelfgemaakte appeltaart belandt in de Betuwe is geplukt of uit Nieuw-Zeeland is geïmporteerd. Hiervoor moeten er aanzienlijk meer informatiestromen beschikbaar komen die kunnen worden gekoppeld. Maar het is een begin en informatie kan ons helpen betere keuzes te maken voor onszelf en ons milieu.

Het andere deel van de puzzel is hoe gebruikers en mensen die meer willen weten over de duurzaamheid van recepten om kunnen gaan met deze informatie en hoe ze deze informatie zouden kunnen integreren in hun dagelijkse eetgewoontes en -tradities. Als gebruikers de tool niet gebruiken of als suggesties totaal niet overeenkomen met hun normen

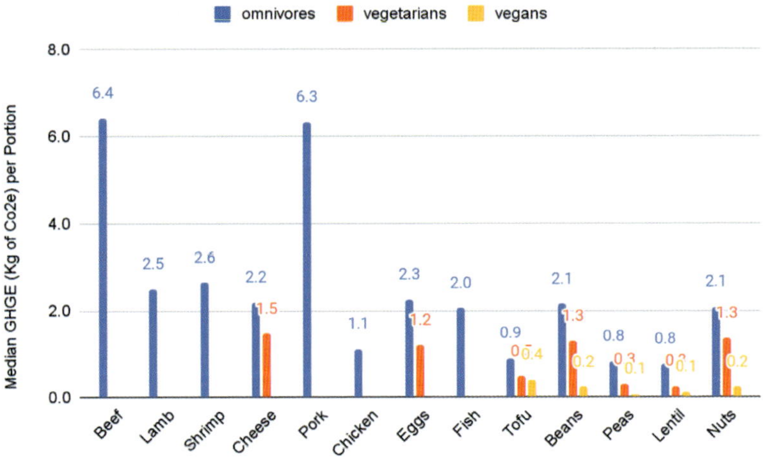

Afb. 8.2: Dashboard overzicht ecologische impact verschillende producten per dieet.

en waarden, dan heeft het geen nut. Neem bijvoorbeeld afbeelding 8.2. Je kunt hier zien dat kaas in veel diëten een grotere impact heeft dan kip, *'so far so good'* zou je kunnen zeggen. Maar als een applicatie of overheidsadvies dat hierop gebaseerd is klakkeloos zou suggereren dat we allemaal moeten stoppen met het eten van kaas, dan zou dit veel consumenten die sterk gehecht zijn aan lunchen met een boterham met kaas, in het hart kunnen raken. In 2019 waren nog 70 procent van de respondenten van een peiling onder kantoormedewerkers boterham-met-kaas-lunchers. Die gebruikers zullen de applicatie of het advies dan meteen afwijzen. In andere landen heeft kaas misschien niet dezelfde status, maar andere voedingsmiddelen weer wel (bijvoorbeeld boter versus olijfolie). Technologische oplossingen die door consumenten ook daadwerkelijk gebruikt worden, moeten worden ontwikkeld in een interdisciplinaire omgeving waarin ook meegenomen wordt hoe diëten en voedingsgewoonten zijn ingebed in culturele waarden en gevoeligheden. Het ideaal is om een applicatie te hebben waarmee consumenten, voedingsprofessionals en beleidsmakers kunnen zien hoe en welke interventies de ecologische voetafdruk van diëten kunnen verkleinen.

De applicatie moet wel passen binnen het waardesysteem van mensen, zodat consumenten kunnen blijven genieten van hun favoriete voedingsmiddelen – misschien alleen in een andere hoeveelheid of een iets andere vorm.

DANKWOORD

De auteurs willen graag hun collega's Christian Reynolds, Diana Maynard, Steve Brewer, Alain Starke en Christoph Trattner van het *Communicating the environmental impact of plant based recipes project*, gefinancierd door The Alpro Foundation, bedanken. Rebeca wil graag Branwyn Pokeylett, Ying-Tzu-Lin, Mary Nicolaou, Wilma Waterlander, Peter van Dam en Fabio de Castro bedanken van het '*A planetary food commons for healthy and sustainable diets*'-team, gefinancierd door het 'Healthy Future' Thematisch Samenwerkingsprogramma van de Universiteit van Amsterdam.

Collectie: Boekenoogen en Bakker, 'Recept van een Elixter om lang te leeven'

Lidy Jansen

Het recept op afb. IX is onder de papieren van den Sweedsen doctor Jernert gevonden, die in de ouderdom van 104 jaaren (door een val met een paard) gestorven is. Het geheim van dit elixter is in zijne famille verschijde hondert jaaren geweest.' Om de hoge leeftijden te bereiken die in dit handschrift staan vermeld voor de arts, zijn ouders en grootvader (resp. 108, 112 en 130 jaar) is wel wat discipline nodig. Het kruidenmengsel waarvan sprake is moet met een voorgeschreven regelmaat rusten, geschud worden, overgegoten worden, opnieuw rusten en uiteindelijk gefilterd worden. En het is nog maar de vraag of de genoemde kruiden, zoals gentiaan, witte agaria en Venetiaansche Teriac, verkrijgbaar zijn, al is het alleen al omdat het laatstgenoemde kruid is samengesteld uit tientallen ingrediënten, waaronder tot de verbeelding sprekende stoffen als Kretenzisch wortelzaad, porseleinaarde en Hout van Oloe.

Het recept maakt deel uit van de enorme verzameling kinderrijmpjes, liedjes, gezegden, bezweringen, raadsels, (cents)prenten en nog veel meer, die verzameld werden door taalkundige G.J. Boekenoogen (1868-1930). Hij ontving het waarschijnlijk als een van de honderden reacties op zijn oproep in de jaren 1892-1894 om hem volksliedjes en volksverhalen op te sturen. De door hem geïnspireerde Bakker breidde het type materiaal uit op het gebied van de volksgeneeskunde, waaronder dit recept.

Hoewel er al diverse publicaties aan deze collecties zijn gewijd, valt er nog veel te onderzoeken, zoals de vraag hoe ze zich verhouden tot andere collecties op het gebied van volksverhalen of volksgeneeskunde. Het Meertens Instituut biedt daarvoor zeker aanvullend en interessant materiaal.

Bron: Meertens Instituut, archiefcollecties 56 en 68: Collectie G. J. Boekenoogen en Collectie Cornelis Bakker

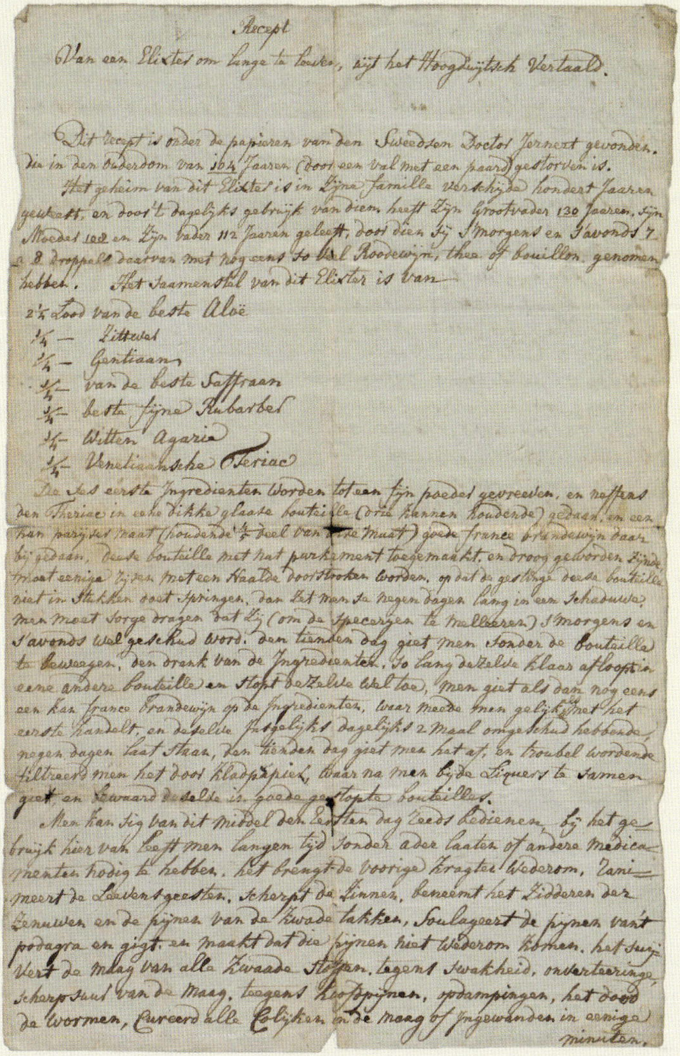

Recept

Van een Elixter om lange te leeven, uit het Hoogduitsch Vertaald.

Dit recept is onder de papieren van den Sweedsen Doctor Jernert gevonden. die in den ouderdom van 104 Jaaren (door een val met een paard) gestorven is.

Het geheim van dit Elixter is in zijne familie verscheide hondert Jaaren geweest, en door 't dagelijks gebruijk van dien heeft zijn Grootvader 130 Jaaren, zijn Moeder 108 en zijn vader 112 Jaaren geleeft, door dien zij 's morgens en 's avonds 7 a 8 droppels daarvan met nog eens zo veel Roodewijn, thee of bouillon genomen hebben. Het saamenstel van dit Elixter is van

2½ Lood van de beste Aloë
¼ — Zittewal
¼ — Gentiaan
¼ — van de beste Saffraan
¼ — beste fijne Rubarber
¼ — Witten Agaric
¼ — Venetiaansche Teriac

De ses eerste Ingredienten worden tot een fijn poeder gevreeven, en nevens den Theriac in eene dikke glaase boutaille (drie kannen houdende) gedaan, en een kan parijsse maat (houdende ¼ deel van deze maat) goede france brandewijn daar bij gedaan, deeze boutaille met nat perkement toegemaakt, en droog geworden zijnde moet eenige lijken met een Naalde doorstoken worden, op dat de gestinge deeze boutaille niet in stukken soude springen. dan zet men ze negen dagen lang in een schaduwe; men moet sorge dragen dat zij (om de specerijen te mellieeren) 's morgens en 's avonds wel geschud word. den tienden dag giet men sonder de boutaille te beweegen, den drank van de Ingredienten, so lang dezelve klaar afloopt in eene andere boutaille en stopt dezelve wel toe, men giet als dan nog eens een kan france brandewijn op de ingredienten, waar mede men gelijk als met het eerste handelt, en dezelve insgelijks dagelijks 2 maal omgeschud hebbende, negen dagen laat staan, den tienden dag giet men het af, en troubel wordende filtreerd men het door kladpapier, waar na men bijde Liquers te samen giet en bewaard dezelve in goede gestopte boutailles.

Men kan zig van dit middel den eersten dag reeds bedienen. bij het gebruijk hier van heeft men langen tijd sonder ader laaten of andere medicamenten nodig te hebben. het brengt de voorige kragten wederom, Zanimeert de Leevensgeesten. scherpt de Zinnen, beneemt het Zidderen der Zenuwen en de pijnen van de Zwade takken, Soulageert de pijnen van 't podagra en jigt. en maakt dat die pijnen niet wederom komen. het suijvert de maag van alle Zwaade stoffen. tegens swakheid, onverteeringe, scherpsuur van de maag, tegens hoofpijnen, opdampingen, het dood de wormen, Cureerd alle Colijken in de maag of Ingewanden in eenige minuten.

Afb. IX: 'Recept van een Elixter om lang te leeven' (1892-1894). Meertens Instituut Amsterdam, Cornelis Bakker, archiefcollectie 68:27.2.

9 'Dat het beslagh noch tay om de lepel blijft'

Het oudste recept voor Nederlandse oliebollen?

Judith Brouwer en Irene van Renswoude

Op culinair gebied is december misschien wel het best vertegenwoordigd van het jaar: banketstaven, borstplaat en marsepein rond de sinterklaasviering, al dan niet copieuze maaltijden met kerst, gevolgd door appelflappen en Vegter's Rolletjes (of kniepertjes) tijdens de jaarwisseling. Elk jaar wordt in de aanloop naar oud en nieuw via verschillende mediakanalen ingegaan op een zoete snack die nog onlosmakelijker met dat moment verbonden is: de oliebol.

Over de historie van de bol is al veel geschreven.[132] Deze zou zijn oorsprong vinden in de offertijd bij de Germanen, of zelfs nog eerder bij de Romeinen, die bolletjes bakten van griesmeel. Vaak wordt ook de koude midwinterperiode genoemd, de beschikbaarheid van de seizoensproducten (meel, gist, gedroogd fruit) en het feit dat de oliebol – tot de negentiende eeuw 'oliekoek' genaamd – goed vulde in een seizoen waarin voedsel schaarser was. Het lijkt mosterd na de maaltijd om in januari, wanneer dit boek ter perse gaat, nog eens stil te staan bij die typische eindejaarslekkernij. Er wordt fris gestart met de goede, gezonde voornemens en daar past zo'n vette hap allerminst bij. Toch zal uit deze bijdrage blijken dat het, historisch gezien, zeker verantwoord is om ook op andere momenten in het jaar een oliebol te verorberen.

'We mogen toch wel vaststellen dat er nauwelijks een Hollandser gerecht is dan de oliebol', valt te lezen in Dedikkevandam.[133] Op 1 november 2008 maakte het Nederlands Centrum voor Volkscultuur en

Immaterieel Erfgoed tijdens de opening van het 'Jaar van de Tradities' bekend wat de populairste Nederlandse gewoonten, gebruiken, rituelen en tradities waren. Na de pakjes op sinterklaasavond, het optuigen van de kerstboom en de vrijmarkt met (toen nog) Koninginnedag, volgde inderdaad het eten van oliebollen met oud en nieuw.[134] Oliebollen bakken wordt gezien als een typisch Nederlandse aangelegenheid, waarmee Nederlanders zich onderscheiden van de eettradities van omringende landen.[135] Wie er op wijst dat de Nederlandse oliebol toch wel erg veel lijkt op de Vlaamse smoutebol, kan op verontwaardigde reacties rekenen.[136] Maar hoe Nederlands is die oliebol eigenlijk? In deze bijdrage staan we stil bij de vraag hoe de oliebol zich historisch verhoudt tot andere, vergelijkbare hapjes van gefrituurd beslag, en onderzoeken we wanneer het oliebollen bakken nu eigenlijk een nieuwjaarstraditie is geworden (afb. 9.1). Het is bekend dat oliekoeken traditiegetrouw tijdens de jaarlijkse kermis te koop waren, maar was de koek ook op andere momenten verkrijgbaar? Voor deze eerste verkenning is gebruikgemaakt van een nieuwe bron in de oliebollenhistoriografie: advertenties uit achttiende- en negentiende-eeuwse kranten.[137] Maar we beginnen met een korte geschiedenis van de oliebol in de vroegmoderne Lage Landen.

HET OUDSTE RECEPT

Het oudste recept van oliebollen – toen nog 'oliekoecken' genaamd – vinden we terug in de destijds culinaire bestseller *De verstandige kock, of sorghvuldige huyshoudster* (eerste druk 1667) (afb. 9.2).[138] Het originele recept is te vinden aan het eind van deze bijdrage, compleet met zeventiende-eeuwse spelling en interpunctie, maar hier volgt een moderne parafrase:

> *Neem 2 pond tarwemeel, 2 pond in water gewelde rozijnen, een kop appelen, in kleine stukjes gesneden, 2 ons gepelde amandelen, 15 gram kaneel, een beetje gember, wat kruidnagel, 3 eieren en een half kommetje gesmolten boter, een grote lepel gist en een pintje lauwe zoete melk, maar vooral niet te veel 'want het moet heel dick beslagen zijn, dat het beslagh noch tay*

[dikvloeibaar] om de lepel blijft'. Roer het vulsel door het beslag en laat het dan rijzen. Bak de koeken in ruim een liter raapolie.[139]

De auteur van *De verstandige kock* vermeldt niet hoe het bakken precies in zijn werk gaat, maar geeft wel een tip om de pregnante smaak van raapolie te verbeteren: deze kun je 'uitbranden' met een broodkorst en een halve appel. Wanneer het brood zwart is geworden, giet je er een scheutje schoon (!) water bij, laat je de olie afkoelen en zet je deze weer op het vuur zodra je die wil gebruiken.

De drie eieren die in dit recept uit 1667 nog aan het beslag worden toegevoegd zijn in latere drukken verdwenen.[140] Er zijn verder verschillende dingen interessant aan dit zeventiende-eeuwse recept. Hoewel we veel ingrediënten herkennen van de receptuur van de hedendaagse oliebol, zoals rozijnen, appel en natuurlijk meel en gist, worden er tegenwoordig geen amandelen of andere noten toegevoegd, of specerijen als gember en kruidnagel. Een enkele creatieveling wil nog wel eens gek doen met kaneel, maar daar houdt het wel mee op, althans wat specerijen betreft. De zeventiende-eeuwse oliekoek zal minder zoet zijn geweest dan de moderne oliebol. Buiten de suikers die van nature aanwezig zijn in rozijnen, appels, amandelen en melk, worden er geen extra zoetmakers als rietsuiker of honing toegevoegd. Ook opmerkelijk is de instructie om schoon water toe te voegen. Zoals we kunnen lezen in de bijdrage van Milja van Tielhof (hoofdstuk 7), was er in Nederlandse keukens water van verschillende kwaliteit voorhanden. Het lijkt vanzelfsprekend om voor het bereiden van eten het schoonste water te gebruiken, maar kennelijk was het niet zo evident dat het er niet expliciet bij vermeld hoefde te worden.

Het belangrijkste verschil tussen de vroegmoderne oliekoek en de hedendaagse oliebol is toch wel de vorm: de oliekoek was aanvankelijk plat. Pas toen men ging frituren in een diepere laag olie, ontstond de bolle vorm.[141] Toch bleef het baksel nog lange tijd 'olie*koek*' heten.

Afb. 9.1: Ron Kroon, *Oliebollen bakken, een toost op het nieuwe jaar* (1966). Nationaal Archief Den Haag, Fotocollectie Anefo, 919-9140.

Tegen het eind van de negentiende eeuw kwam de benaming 'oliebol' in zwang, althans in kookboeken.[142] De eerste vermelding van de oliebol in een krantenadvertentie kunnen we al dateren op 1815.[143] Kranten reageerden waarschijnlijk sneller op actueel taalgebruik dan kookboeken, die meestal traditioneel van aard waren en bovendien vaak herdrukt werden. De geschiedenis van de naam loopt in elk geval niet in de pas met de ontwikkeling van de vorm: aangezien de oliekoeken in dit recept in 1,3 liter olie worden gebakken[144] is het goed mogelijk dat wie dit recept volgde al bolle baksels kreeg. [145]

Zoals gezegd is dit het oudst bekende recept voor oliekoeken in een Nederlandstalig kookboek. Die oliekoek bestond waarschijnlijk al veel langer, maar werd niet eerder opgeschreven, zoals dat gaat met gerechten waarvan iedereen wel weet hoe ze bereid moeten worden.[146] Wel bevat het laatmiddeleeuwse kookboek *Een notabel boecxken van cokeryen* ('een opmerkelijk kookboekje'), gedrukt in Brussel in 1510, een recept voor roffioelen: baksels van gefrituurd gistbeslag met een vulling van appels, noten, kaneel en gember. Net als de zeventiende-eeuwse oliekoeken worden de roffioelen gefrituurd in raapolie, hier 'raepsmout' genoemd. Dit woord, raepsmout, doet meteen denken aan (we durven het haast niet te zeggen) smoutebollen, de Vlaamse zuster van de Nederlandse oliebollen, die vooral op kermissen werd en wordt gegeten.[147]

Opmerkelijk aan het kookboek *De verstandige kock* uit 1667 is dat het niet georiënteerd is op de Franse keuken, zoals veel laatmiddeleeuwse en vroegmoderne kookboeken dat waren. *De verstandige kock* haakte in op een nieuwe culinaire trend onder de gegoede middenklasse, die Nederlandse eenvoud voorstond. Men wilde terug naar de natuur en 'eten wat de grond schaft' – bij voorkeur wel de grond van een chique buitenplaats.[148] Vanaf de zeventiende eeuw vestigden welgestelde burgers zich graag in buitenplaatsen op het platteland, voorzien van een goed onderhouden moestuin en nabij een jachtgebied. De recepten in *De verstandige kock* bevatten ingrediënten die op of in de buurt van buitenplaatsen te verkrijgen waren. De auteur van het kookboek en zijn beoogde lezers zijn nadrukkelijk geen francofielen. De bewerker van de tweede druk in 1669 ageert zelfs tegen Franse culinaire gewoontes en

De

VERSTANDIGE KOCK,

Of Sorghvuldige Huyshoudſter:

Beſchrijvende / hoemen op de beſte en bequaemſte maniere alderhande Spijſen ſal braden / koocken / ſtooven en bereyden; met de Sauſſen daer toe dienende. Seer dienſtigh en profijtelijck in alle Huyshoudinge.

Oock om veelderley ſlagh van Taerten en Paſteyen toe te ſtellen.

Hier is achter by gevoeght, de

VERSTANDIGE CONFITUURMAKER,

Onderwijſende / hoemen van alderhande Vruchten / Wortelen / Bloemen en Bladen &c. goede en nutte Confituren ſal konnen prepareren en bewaren.

t'Amſterdam, voor MARCUS WILLEMSZ. DOORNICK, Boeckverkooper op den Vygendam, in't Kantoor Incktvat. Anno 1667.

Afb. 9.2: Schutblad van *De verstandige kock, of sorghvuldige huyshoudster* (1667). Allard Pierson Amsterdam, Collecties van de Universiteit van Amsterdam, O.63.7021.

waarschuwt alle 'kocks en kockinnen' om niet overal wijn in te gooien (en zeker geen Franse wijnen), omdat dit de smaak heus niet verbetert. Wat is er mis met gewoon water?[149] Misschien is het daarom niet verwonderlijk dat juist in dit kookboek, gericht op lokale producten en Nederlandse eenvoud, het eerste 'inheemse' recept voor oliekoeken te vinden is. We treffen het recept aan tussen de Groningse pannenkoeken, gewone pannenkoeken, wafels, oubliewafels, koekjes van eieren en appelstruif (een soort clafoutis). De specerijen die aan de oliekoeken worden toegevoegd, kaneel, gember en kruidnagel, lijken op het eerste gezicht een culinaire modegril, aangewakkerd door de specerijenhandel van de VOC, en bepaald geen traditionele, laat staan lokale, ingrediënten. Lokaal waren deze specerijen inderdaad zeker niet, maar traditioneel tot op zekere hoogte wel. Al in de middeleeuwen maakten kaneel, gember en kruidnagel deel uit van recepten in de Lage Landen, al waren deze specerijen minder makkelijk verkrijgbaar dan in de zeventiende eeuw, en alleen betaalbaar voor de hoogste sociale klasse.[150]

OVERZEESE OLY-KOECKS

De verstandige kock werd opgenomen in een drieluik over *Het vermakelijck landtleven* en genoot een grote populariteit. Tussen 1669 en 1721 werd het elfmaal gedrukt in Amsterdam, en er verschenen negen versies in de Zuidelijke Nederlanden.[151] Ook werd het kookboek als zelfstandige editie uitgegeven. In de zeventiende eeuw namen Nederlandse kolonisten het kookboek mee naar de Nieuwe Wereld. In Nieuw-Nederland (aan de oostkust van de huidige VS) bleven zij oliekoeken en andere gerechten uit *De verstandige kock* bereiden. Handgeschreven receptenboekjes van de nazaten van Nederlandse kolonisten uit de achttiende en negentiende eeuw laten zien dat het recept voor oliekoeken werd aangepast en de naam van het gebak verengelste. In de schriftjes komen we namen tegen als *oly-koecks* of *olicooks*.[152]

Deze oliekoeken van Nederlandse kolonisten zouden de voorloper zijn geweest van de Amerikaanse donut. Nederlandse oliebollen kent men ook nog steeds in de VS, waar ze 'Dutch doughnuts' worden genoemd.[153] De Amerikaanse schrijver Washington Irving noemt de Nederlandse 'oly koek' in zijn in 1820 verschenen korte verhaal *The Legend of Sleepy Hollow*, een gotisch horrorverhaal dat zich afspeelt in de achttiende eeuw in een gemeenschap van nazaten van Nederlandse kolonisten in de staat New York (voormalig Nieuw-Nederland). Op een mooie herfstavond bezoekt de hoofdpersoon een Nederlands landhuis in Sleepy Hollow en vergaapt hij zich aan de lekkernijen die op de tafel staan uitgestald: '*Such heaped up platters of cakes of various and almost indescribable kinds, known only to experienced Dutch housewives! There was the doughty doughnut, the tender oly koek, and the crisp and crumbling cruller.*' Interessant in dit verhaal is dat de oliekoek en andere gefrituurde specialiteiten van 'ervaren Nederlandse huisvrouwen' niet midden in de winter worden gegeten, maar op een avond in de herfst, mogelijk ter gelegenheid van een oogstfeest.[154] Hierbij moeten we wel bedenken dat dit verhaal in de negentiende eeuw werd opgeschreven, en niet noodzakelijk een betrouwbaar verslag geeft van de eettradities van *Old world* Nederlandse gemeenschappen in New York.

Een ander voorbeeld van een paar decennia later laat eveneens zien dat de oliekoek gezien werd als een typisch Nederlandse lekkernij, althans in de negentiende eeuw. In april 1864 werd de grootse Metropolitan Fair te New York gehouden, georganiseerd ter ondersteuning van het leger in de Amerikaanse Burgeroorlog. De fair moet vergelijkbaar zijn geweest met de Europese Wereldtentoonstellingen. Zo waren er diverse stands waar volkeren of landen hun typische dansen, klederdrachten, gebruiken of gewoonten vertoonden.[155] Een 'knickerbockerkeuken' vertegenwoordigde de tijd dat New York nog Nederlands was: 'De groote schoorsteen, het blank geschuurde keukengereedschap, hollandsche opschriften, niets is vergeten. Hier bakt men oliekoeken en knickerbocker[156] geregten.' Hoewel de koeken wat duur werden bevonden, smaakten ze goed en werden ze 'bij duizenden' genuttigd.[157]

OP DE KERMIS EN IN HARTJE ZOMER

Terug naar de oliebollen in Nederland. Hoewel de decemberlekkernijen vooral met de wintermaand geassocieerd worden, lijken ze tegenwoordig steeds eerder verkrijgbaar. Pepernoten liggen al in augustus in de schappen en voor wie niet zo lang kan wachten zijn er zelfs winkels die ze (en ander strooigoed) het gehele jaar door verkopen. Oliebollenkramen duiken meestal vanaf oktober in het straatbeeld op, maar laten zich na december voorlopig niet meer zien. Blijkbaar vormen de oliebollen nog altijd een seizoens- of feestdagengebonden product.

Oliebollen zouden van oudsher met de jaarwisseling worden gegeten,[158] maar we kunnen ons afvragen hoe ver 'van oudsher' eigenlijk teruggaat. In elk geval werden oliebollen ook in andere, minder gure maanden verkocht (afb. 9.3). Wel was dit meestal gekoppeld aan bepaalde evenementen, zoals de jaarlijkse kermis. Hier werden podia, stalletjes, tenten en kramen opgezet en waren diverse lekkernijen te koop. De achttiende-eeuwse *'s Gravenhaegse Courant* adverteerde begin mei met reclames voor wafelbakkers, zoals Karel van der Hage.[159] Hij stond in 1748 met zijn kraam aan het Voorhout, waar hij 'extraordinaire lekkere wafelen, olie-koeken en obliën'[160] bakte. Van der Hage was overigens niet de eerste de beste koekenbakker, maar 'wafel-bakker van 't hofgezin van Syne Hoogheyd den Heere Prince van Oranje en Nassau'.[161] In 1776 stond deze hofleverancier overigens nog steeds achter zijn kermiskraam met kaneelwafels, oubliehoorns en oliekoeken. Zijn unique selling point waren orangistische wafels 'waar in de naamen en wapenen van de hoogvorstelyke persoonen staan, en die met ***** geteekend zyn'. De vijf sterren stonden voor prins Willem V (1748-1806), die toen aan de macht was.[162]

Het kermisseizoen begon, dat wil zeggen in het westen van de Republiek, in mei met de Haagse hofkermis en werd in september met de Amsterdamse kermis afgesloten.[163] Dit betekende feitelijk dat voor de liefhebber in ieder geval van mei tot en met september oliekoeken verkrijgbaar waren. In oktober 1775 keerde een Haagse bakker terug van de Amsterdamse kermis. Hij had blijkbaar zó de smaak te pakken dat hij bekendmaakte 'de geheele winter onverbeeteryke wafelen [te zullen] bakken, als meede olie-koeken, oblie en caneel-wafelen'.[164] Mogelijk had hij zelf als bakker 'van buitenaf' de Amsterdamse kermisklanten bediend. Ook een Gronings voorbeeld uit dezelfde maand laat zien dat de oliekoekenverkoop niet louter gebonden was aan festiviteiten.

Afb. 9.3: Hendrik Numan, *Straatverkoopster van oliebollen met twee klanten* (1746-1788). Houtsnede, 9.4 × 7.4 cm. Rijksmuseum Amsterdam, RP-P-OB-30.163.

In de Oosterstraat 'in de kelder onder de kistemaker Schuurman' werden 'alle avond en morgen fris gebakt, wafels en olikoeken'.[165] De precieze omschrijving loodste zoetekauwen naar het exacte adres en toont tegelijkertijd dat hier geen sprake was van een mobiele kraam, die al naargelang het evenement kon worden opgezet, maar van een vast verkooppunt. Iets dergelijks zien we twee decennia later terug in Leeuwarden, waar Engeltje ter Goor in de Kleine Kerkstraat 'olykoeken van diverze pryzen' verkocht, naast verschillende soorten vlezen en worsten.[166] Blijkbaar waren haar koeken zeer succesvol, want een paar jaar later werd bekendgemaakt dat de koopvrouw 'volgens jaarlyksche gewoonte' alle zondagen gedurende de winter oliekoeken zou gaan bakken. Wie ze op andere dagen nodig had, diende dat op tijd tevoren aan te geven.[167] In 1798 maakte de Haagse bakker J. C. Mees bekend dat hij zijn kraam had afgebroken en de verkoop voortzette vanuit zijn huis.[168]

Mogelijk laten deze voorbeelden zien dat de oliekoek een dusdanig populair product vormde, dat er het gehele jaar behoefte aan was. Zelfs in hartje zomer 1858 (buiten kermistijd)[169] verkocht de wafelkraam *Het wapen van Groningen* 'ten allen tijde warme oliekoeken à 12 ½ en 10 cent het bordje'.[170] Om tegemoet te komen aan de populariteit waren daarom ook vaste verkooppunten nodig, naast de kramen. In de negentiende eeuw werd de koek bestempeld tot dé lekkernij voor rond de jaarwisseling (afb. 9.4). Wanneer dit exact gebeurde, is onbekend.[171] Het lijkt ons waarschijnlijk dat dit samenhangt met de in die tijd sterk aanwezige, nationalistische sentimenten. Volkskundigen droegen eind negentiende, begin twintigste eeuw met verve het populaire idee uit om zo veel mogelijk aspecten van de niet-christelijke volkscultuur terug te brengen tot een Germaanse herkomst. Dat deze mythologische theorieën niet altijd even betrouwbaar waren, was van ondergeschikt belang.[172] Volgens onze hypothese paste het maar al te goed in het nationalistische plaatje dat juist de Germanen, oervoorouders van het Nederlandse volk, al een snack zouden hebben gebakken die veel weghad van de populaire oliebol. Die zogenaamde voorloper was onderdeel van offers in de vorm van vette etenswaren, die met name aan de godin Perchta gebracht werden. Dit gebeurde tussen 26 december en 6 januari.[173] Zo veroverde ook de oliebol een plaats op de lijst van *invented traditions*.[174]

Terug naar de krantenadvertenties. Negentiende-eeuwse bakkers met een vaste zaak bleven aankondigen – soms al in september – dat er weer oliekoeken verkrijgbaar waren. En dat gedurende de gehele winter, net

Afb. 9.4: Gerke Henkes, *De toast* (ca. 1864-voor of in 1905). Aquarelverf op doek, 43.2 x 52.2 cm. Groninger Museum Groningen, 1905.0055.

zoals eerdergenoemde Engeltje ter Goor.[175] Steekproeven in het laatste decennium van de negentiende en het eerste van de twintigste eeuw tonen eveneens dat de 'nationale' oliebol zich nog steeds in andere maanden liet zien dan slechts in de nieuw bedachte periode. Blijkbaar liep de praktijk toen nog achter op het idee. Wel zien we de 'jaarlijkse', niet aan de kermis verbonden kramen langzaamaan uit het straatbeeld verdwenen. Nader onderzoek moet verduidelijken wanneer en waardoor de mobiele kramen weer hun herintrede gemaakt hebben.

EEN ECHT NEDERLANDS RECEPT?

We hebben kunnen vaststellen dat het bakken van oliebollen niet 'van oudsher' een exclusieve nieuwjaarstraditie was, typerend voor Nederland, maar waarschijnlijk een *invented tradition* uit de negentiende eeuw. Maar hoe zit het met de oliebollen zelf? Hoe Nederlands is het recept voor oliebollen? Je voelt het waarschijnlijk al aankomen: ook dat recept is niet typisch Nederlands. Op veel plekken in de wereld worden gefrituurde deegwaren gegeten, en de recepten wijken onderling niet zo veel van elkaar af. In Ghana bijvoorbeeld worden er oliebollen gebakken die sterk lijken op de Nederlandse oliebol. Straatverkoopsters verkopen het hele jaar rond oliebollen voor ontbijt, lunch of als tussendoortje. De gelijkenis tussen de Ghanese en Nederlandse oliebol wordt wel verklaard vanuit de invloed van de West-Indische Compagnie. Nederlanders van de WIC zouden de oliebollen in Ghana hebben geïntroduceerd en de Fante hebben geleerd beslag te frituren. Dit is echter geenszins zeker. Mogelijk is de Ghanese oliebol al in de vijftiende eeuw ontstaan uit contacten met Mende-handelaren uit het huidige Soedan, waar al vanaf zeker de dertiende eeuw *luqaimat*, gefrituurde zoete deegbolletjes, worden gebakken.[176] Omdat we geneigd zijn om oliebollen als typisch Nederlandse traditie te beschouwen is het verleidelijk om overal waar gefrituurde deegballen worden gegeten Nederlandse invloed te zien, maar zo uniek is dat Nederlandse recept niet.[177]

Bovendien, welk Nederlandse recept nemen we als uitgangspunt als we 'invloed' willen vaststellen? Het recept voor oliekoeken met noten en specerijen uit *De verstandige kock*, het oliekoekenrecept in *Betje de goedkoope keukenmeid* of de receptuur van Koopmans oliebollenmix 'naar authentiek recept'? Hoewel de veronderstelde invloed van de zeventiende-eeuwse Nederlandse oliekoek op de Amerikaanse donut en de Ghanese oliebol best aannemelijk is, geldt voor de meeste gefrituurde deeghapjes dat er veel voorbeelden en recepten voorhanden zijn. Denk maar aan de Portugese *malasada*, de Duitse Krapfen, Oost-Europese bagels, Spaanse churros, en de Zuid-Afrikaanse vetkoek. De ingrediënten van al deze gefrituurde baksels zijn ongeveer gelijk. Het enige dat écht typisch Nederlands lijkt te zijn is de traditie om oliebollen te eten rond de jaarwisseling, maar zoals we hebben gezien is zelfs dat een *invented tradition* die niet heel ver teruggaat. Pas aan het eind van de negentiende eeuw worden oliebollen het speciale gebak om het nieuwe jaar mee in te luiden. Daarvoor at men oliebollen het hele jaar rond, weliswaar vooral bij speciale gelegenheden, maar dat geldt wel voor meer soorten gebak.

Kortom, ook wanneer je dit boekje pas voor het eerst midden in de zomer openslaat: het is helemaal niet gek om oliebollen te bakken in augustus. Voor historisch verantwoorde oliebollen door het jaar heen volgt hierna het recept uit het zeventiende-eeuwse kookboek *De Verstandige Kock of Sorgvuldige Huyshoudster.* De transcriptie is gemaakt naar de eerste druk van het kookboek uit 1667.[178] We hebben de spelling, het hoofdlettergebruik en de interpunctie niet aan moderne conventies aangepast, maar precies zo weergegeven als ze in deze druk voorkomen.

Om Olie-koecken te backen.

Neemt tot 2 pont Tarwe-meel/ 2 pont lange Rosijnen/ als die schoon gewassen zijn/ laet die in lauw Water wat staen zwellen[1]/ een kop van de beste Appelen/ schilt die en snijt in heel kleyne stucxkens/ de klockhuysen wel[2] uyt/ een vierendeel of anderhalf[3] gepelde Amandelen/ een loot[4] Caneel/ een vierendeel loots[5] witte Gember/ een weynigh[6] Nagelen[7] wel onder een gestooten/[8] 3 Eyeren/ en een half commeken gesmolten Boter/ een groote lepel gist/ en niet wel een pintjen[9] lauwe Soetemelck/ want het moet heel dick beslagen zijn/ dat het beslagh noch tay[10] om de lepel blijft/ endan alle andere daer ingeroert/ en soo laten rijsen/ neemt daer toe een mengelen[11] van de beste Raep-olie/ doet daer in een korst broodt/ een halve Appel/ setten[12] op het vier[13] en laet uyt branden/ keert het broodt en Appel altemet[14] om tot het swart en hardt wort/ gieter dan een schootjen schoon water in/ en laet dan in de lucht kout worden/ en daer naer weder op 't vier setten als ghy die wilt gebruycken.[15]

1 zwellen: wellen.

2 wel: goed.

3 vierendeel: ca. 125 g. Anderhalf vierendeel is dan ongeveer 187 g.

4 loot: historische gewichtsmaat (ca. 15 g).

5 loots: tweede naamval 'loot'.

6 weynigh: beetje.

7 nagelen: kruidnagels.

8 wel onder een gestoten: goed door elkaar gehusseld.

9 pintje: historische inhoudsmaat voor natte waren, van verschillende grootte naargelang de streek, de tijd en het product; niet wel een pintje: niet meer dan een pintje.

10 tay: dikvloeibaar.

11 mengelen: historische inhoudsmaat voor natte waren, ongeveer 1,3 liter.

12 setten: zet het. De tweede druk uit 1669 heeft hier: set'et.

13 vier: vuur.

14 altemet: van tijd tot tijd.

15 Deze laatste instructies hebben betrekking op de voorbereiding van de raapolie, waarvan de smaak met brood en appel wordt verbeterd. De aldus voorbereide raapolie kan opnieuw worden verhit zodra men het wil gebruiken om de oliebollen te bakken.

Literatuur en noten

2 Eetbare *nation branding*?

1 Zie hiervoor bijvoorbeeld Chapple-Sokol, S. (2013). 'Culinary diplomacy: breaking bread to win hearts and minds', *The Hague Journal of Diplomacy* 8:2, pp. 161-183.

2 Over deze ideeën zie Heringa, J. (1961). *De eer en hoogheid van de staat. Over de plaats der Verenigde Nederlanden in het diplomatieke leven van de zeventiende eeuw*. Groningen: J.B. Wolters, p. 90.

3 De Callières, F. (1716). *De la manière de négocier avec les souverains*. Amsterdam: la compagnie, p. 99: 'c'est le propre de la bonne chere de concilier les esprits, de faire naître de la familiarité, & de l'ouverture de cœur entre les convives, & la chaleur du vin fait souvent découvrir les secrets importants.' Eigen vertaling in het Nederlands.

4 Brief van Verhaer, september 1612. In Heeringa, K. en Nanninga, J. G. (red.), *Bronnen tot de geschiedenis van den Levantschen handel 1590-1826*. (1910-1966, 6 dln., dl. 1, pp. 259-261). 's-Gravenhage: Martinus Nijhoff.

5 Deze term wordt gebruikt in de resolutie van 13 augustus 1611. De gehele lijst van goederen is gepubliceerd in *Bronnen tot de geschiedenis van den Levantschen handel*, pp. 266-274. Voor een uitgebreide analyse van de objecten zie Swan, C. (2021). *Rarities of the Lands. Art, Trade and Diplomacy in the Dutch Republic*. Princeton: Princeton University Press.

6 Zie bijdragen van Gatward Cevizli, A. en Molà. L. in Gerritsen, A., Riello, G., en Biedermann, Z. (red.) (2018). *Global Gifts. The Material Culture of Diplomacy in Early Modern Eurasia*. Cambridge: Cambridge University Press, p. 42, 61, 66 en Pedani Fabris, M. P. (1994). *In nome del Gran Signore: inviati ottomani a Venezia dalla caduta di Costantinopoli alla Guerra di Candia*. Venice: Deputazione di storia patria, p. 61.

7 Zie hiervoor Cornips, L., Hendriksen, M., Mak, G. (red.). (2023). *Kaas = NL? Melk, koe, ras, kolonie, taal, kunst, mest en meer*. Gorredijk: Sterck & De Vreese.

8 Michael Laver hanteert de term 'boterdiplomatie' in Laver, M. (2012). 'Butter diplomacy: Food and drink as a social lubricant in Dutch East India company trade with Japan', *Education about Asia* 17:1, pp. 5-8.

9 Voor meer informatie zie Rommelse, G. (2006). *The Second Anglo-Dutch War (1665-1667). International Raison d'État, Mercantilism and Maritime Strife*. Hilversum: Verloren, pp. 156-160.

10 Nationaal Archief (NA), Archief van de Staten-Generaal (SG), Resoluties van de Staten-Generaal, toegangsnr. 1.01.02, inventarisnr. 3273, 22 juni 1666.

11 Willem Boreel aan het Amsterdamse stadsbestuur, Parijs, 9 juli 1666 in Stadsarchief Amsterdam (SAA), Archief van de burgemeesters: diplomatieke missieven, toegangsnr. 5027, inventarisnr. 82, fol 183v.

12 Zijn brieven aan de Staten-Generaal uit 1666 zijn bewaard in NA, SG, inventarisnr. 7318.

13 Van Tielhof. M. (2002). *'The Mother of all Trades.' The Baltic Grain Trade in Amsterdam from the Late 16th to the Early 19th Century*. Leiden: Brill.

14 Ondanks het belang van Oostzeehandel zijn voor de Nederlandse Republiek enkel de consuls voor het Middellandse zeegebied bestudeerd, zie Ebben, M. (2014). 'Uwer Hoog Moogenden Onderdaenigsten Dienaers. Nederlandse consuls en Staatse diplomatie in Spanje, 1648-1661', *Tijdschrift voor Geschiedenis* 127:4, pp. 649-667 en Heinsen-Roach, E. (2019). *Consuls and Captives: Dutch-North African Diplomacy in the Early Modern Mediterranean*. Rochester, NY: University of Rochester Press.

15 Voor een korte biografie, zie Schutte, O. (1976). *Repertorium der Nederlandse vertegenwoordigers residerende in het buitenland, 1584-1810*.'s-Gravenhage: Martinus Nijhoff, pp. 227-228. Deze handelsfamilie, oorspronkelijk afkomstig uit Antwerpen, had al sinds de zestiende eeuw connecties met de Baltische steden. Zie Gelderblom, O. (2000). *Zuid-Nederlandse kooplieden en de opkomst van de Amsterdamse stapelmarkt (1578-1630)*. Hilversum: Verloren.

16 Deze brieven zitten in The National Archives in Kew, Londen (TNA), State Papers Foreign (SP), Poland, 88/11. Over de rivaliteit in Livorno, een cruciale handelsstad in het Middellandse zeegebied, met fatale dodelijke gevolgen zie Lamal, N. (2023). '"In sight of the whole world":

Public diplomacy and the Anglo-Dutch community in Livorno in 1666', in Levelt, S., Rose, M. en Raamsdonck, E. van (red.). *Anglo-Dutch Connections in the Early Modern World*. Abingdon: Routledge, pp. 203-212.

17 Sanderson aan Arlington uit Danzig, 24 juli 1666 in TNA, SP 88/11. Hij refereerde naar de muzikanten als ruw tuig.

18 Pels aan Staten-Generaal uit Danzig, 24 juli 1666 in NA, SG, inventarisnr. 7318.

19 In 1630 bepaalden de Staten-Generaal dat feestelijkheden niet meer dan vierhonderd dukaten mochten kosten. Zie hiervoor Heringa, *De eer en hoogheid van de staat*, p. 95.

20 Voor die praktijk en een inventaris uit 1663 met tafellakens, servetten en meubelen van de Staten, zie Heringa, *De eer en hoogheid van de staat*, pp. 586-589.

21 In deze rekening heeft Pels het over 'Pols gelt' en gebruikt 'f', vermoedelijk als afkorting voor florijnen. Voor de variëteit aan beschikbare munteenheden in Danzig zie McCusker, J. en Gravesteijn, C. (1991). *The Beginnings of Commercial and Financial Journalism*. Amsterdam: NEHA, p. 180.

22 Pels vermeldde het loon van Nederlandse scheepsbouwers in brief aan de Staten-Generaal, 21 juli 1668, NA, SG, inventarisnr. 7318.

23 Brief van Teengs en Volbergen aan de Staten-Generaal, 15 september 1666, NA, SG, inventarisnr. 7318. Zij hebben het in totaal over een bedrag van '1200 gulden Hollands geld'.

24 Zie Albala, K. (2003). *The Banquet: Dining in the Great Courts of Late Renaissance Europe*. Champaign: University of Illinois Press, pp. 91-92.

25 Zie bijvoorbeeld Reid, M. (2015). *The Edible Monument. The Art of Food for Festivals*. Los Angeles: The Getty Research Institute, en Kociszewska, E. (2020). 'Display of sugar sculpture and the collection of antiquities in Late Renaissance Venice', *Renaissance Quarterly* 73:2, pp. 441-488.

26 Bosma, U. (2023). *The World of Sugar. How the Sweet Stuff Transformed Our Politics, Health and Environment over 2,000 years*. Cambridge, MA: The Belknap Press of Harvard University Press, p. 37.

27 Andries was de broer van Paulus Pels (1587-1659), vader van Philips. Hans Pels (soms ook Pelt gewas een neef van Andries en Paulus en diens

kinderen (Hans en Abraham) waren ook actief als suikerbakkers. Voor hun activiteiten zie Poelwijk, A.H. (2003). *'In dienste vant suyckerenbacken'. De Amsterdamse suikernijverheid en haar ondernemers 1580-1630*. Hilversum: Verloren.

28 Voor de prijs van wijn zie *Prijscourant van de coopmanschap à contant in Dantzig 1666 ady 28 julii* in SAA, Archief van Benjamin Burlamacchi, toegangsnr. 1, inventarisnr. 6A: Register met aantekeningen van inkoop- en verkoopprijzen, edu.nl/wvu8y.

29 Pels aan Staten-Generaal, Danzig, 27 augustus 1666 met rekening, NA, SG, inventarisnr. 7318.

30 In zijn brieven uit 1665 uit hij vele zorgen over het stilvallen van de handel, bijvoorbeeld 27 juli 1665 in NA, SG, inventarisnr. 7317. Zie ook Pels aan Staten-Generaal, Danzig, 10 april 1666, NA, SG, inventarisnr. 7318.

31 Pels aan Staten-Generaal, Danzig, 17 september 1666, NA, SG, inventarisnr. 7318.

32 Pels aan Staten-Generaal, Danzig, 8 oktober 1667, NA, SG, inventarisnr. 7318.

33 De maaltijd vond plaats op 28 september 1667. In zijn brief van 1 oktober 1667 geeft hij in één paragraaf aan wie aanwezig was bij de maaltijd en stuurt 'versjes' mee door Joachim Pastorius geschreven voor de vrede (niet meer samen met de brief bewaard). De rekening zit in een brief van 29 oktober. Helaas is deze rekening ook opgesteld in een andere munteenheid waardoor ook de kostenvergelijking erg wordt bemoeilijkt (in totaal 407 reichstaler), NA, SG, inventarisnr. 7318.

3 'De jonge aangeplante boomtjens staan seer cierlijk'

34 Kenniscentrum Immaterieel Erfgoed Nederland,'Indisch koken en de Indische rijsttafeltraditie', edu.nl/vd3f8.

35 Zie bijvoorbeeld: Jelyta, F., 'Lang niet iedereen blij met Indische rijsttafel als cultureel erfgoed', website nu.nl (26 nov. 2022), edu.nl/bcqdy.

36 Millar, L. (2017). *Archives. Principles and Practices*. London: Facet Publishing, p. 4.

37 Linebaugh, R., Lowry, J. (2021). 'The archival colour line: race, records and post-colonial custody', *Archives and Records* vol. 42, nr. 3, pp. 284-303, aldaar 290 edu.nl/j87gd.

38 Nationaal Archief, Den Haag (NA), Verenigde Oostindische Compagnie (VOC), toegangsnr. 1.04.02, inventarisnr. 1.

39 Heijmans, E. (2020). 'Slavernij, recht en verschil in de ogen van Amsterdamse bestuurders' in Brandon, P., Jones, G., Jouwe, N. en Van Rossum, M. (red.). *De slavernij in Oost en West, het Amsterdam-onderzoek*. Amsterdam: Uitgeverij Unieboek | het Spectrum, pp. 192-200, aldaar 193-195.

40 NA, VOC, inv.nr.1.

41 Manuhutu, W. (2020). 'Mokum en Maluku', in Brandon, Jones, Jouwe en Van Rossum (red.). *De slavernij in Oost en West*, pp. 140-148, aldaar 147.

42 Mostert, T., m.m.v. Manuhutu, W. (2021). '1621, geweld en ontvolking op en rond Banda', website 'Pala – Nutmeg Tales of Banda' van het Westfries Museum, Hoorn edu.nl/4w3na. .

43 Ibidem.

44 bhaar: <bahar: lokale inhoudsmaat.

45 Mostert, m.m.v. Manuhutu. '1621', . Het citaat zelf is uit Gillis Seys, *Verhael van den tegenwoordigen staet inde quartieren van Amboyna ende omleggende plaetsen*, in Commelin, I. (1645), *Begin ende Voortgangh, van de Vereenighde Nederlantsche Geoctroyeerde Oost-indische Compagnie* dl. II. Amsterdam: [Joannes Janssonius], pp. 130-150.

46 NA, VOC, inv.nr. 8039, f. 141/scan 147 via edu.nl/jnxh4.

47 Manuhutu. 'Mokum en Maluku', p.144.

48 Van Rossum, M. (2020). 'De VOC, van Amsterdam naar Azië', in Brandon, Jones, Jouwe en Van Rossum (red.). *De slavernij in Oost en West*, pp. 52-61, aldaar 59.

49 Zie bijvoorbeeld NA, VOC, inv.nr. 7645 via edu.nl/qeypj.

50 Heijmans. 'Slavernij, recht en verschil', p. 197.

51 Ibidem.

52 NA, Commissariaat van Ambonezenzorg (CAZ), toegangsnr. 2.27.148, inventarisnr. 8048.

53 Ibidem.

54 NA, CAZ, Voorgeschiedenis.

55 NA, CAZ, inv.nr. 8048.

56 Ibidem.

57 Millar. *Archives*, p. 15.

58 Linebaugh en Lowry. 'The archival colour line', p. 294.

59 Authenticiteit betekent dat bewezen kan worden dat het document in kwestie is wat het zegt dat het is. Millar. *Archives*, p. 15.

60 Linebaugh en Lowry. 'The archival colour line', pp. 286-289.

4 'Raupen doeng 't holleken gaupen'

61 Het overzicht is terug te vinden in het online Nederlandstalig woordenboek woorden.org edu.nl/jb8tu.

Verdere bronnen voor dit artikel zijn te vinden in:

- Corver, N., Van Craenenbroeck, J., Boef, E., Dimitriadis, A., Doreleijers, K., Harwood, W., Hladnik, M., Koring, L., Leufkens, S. en Temmerman, T. (2017). *Database of Dutch Dialect Idioms* (DaDDI). Online database, edu.nl/9jrwh, geraadpleegd op 19-06-2023.
- Corver, N., Van Craenenbroeck, J., Harwood, W., Hladnik, M., Leufkens, S. en Temmerman, T. (2019). 'Introduction: The compositionality and syntactic flexibility of verbal idioms', *Linguistics* 57(4), pp. 725-733.
- Lakoff, G. en. Johnson M. (1980). *Metaphors We Live By*. Chicago: University of Chicago Press.
- Lakoff, G. (1987). *Women, Fire, and Dangerous Things. What Categories Reveal about the Mind*. Chicago: University of Chicago Press.
- Matthys, M. (2018). *Waarom Belgen gelijk hebben en Nederlanders gelijk krijgen. Belevenissen van buren over de grens*. Amsterdam: Amsterdam University Press.
- Tanja, J. (1987). 'Brabantsche Monsieurs, Vlaemsche Yveraers en Hollantsche Botticheyt. Het beeld van de Zuidnederlandse immigranten in de Noordelijke Nederlanden, 1580-1630.'
- Dubbelman, J E en Tanja, J. (red.), *Vreemd gespuis*. Amsterdam: Anne Frank Stichting, pp. 20-28.

5 Bitterballen, snacks, nostalgie en Holland-promotie

62 Het citaat uit de paragraaftitel komt uit Van den Berg, J. (2019). "'Bitterballen, biking and buildings'. Negotiating Dutch Identities in Travel Vlogs about the Netherlands", Master Thesis Radboud Universiteit Nijmegen, edu.nl/wgbn3 (geraadpleegd op 28-08-2023), p. 41.

63 Boerdop, M. (z.d.). 'Geschiedenis van de bitterbal', website Dé Snacksite edu.nl/pw64p en idem, 'Top 10 Nederlandse snacks' edu.nl/awj3p (beide sites geraadpleegd 27-06-2023); aantallen van de Algemene Kokswaren en Snackproducentvereniging (AKSV), edu.nl/y3vxa. Snackcultuur in Nederland: Albert de la Bruhèze, A.A. (2000). 'Snacks', hoofdstuk 9 in Schot, J.W., Lintsen, H.W., Rip, A. en Albert de la Bruhèze, A.A. (red.) *Techniek in Nederland in de twintigste eeuw. Deel 3. Landbouw, voeding.* Stichting Historie der Techniek. Zutphen: Walburg Pers. Beschikbaar via de Digitale Bibliotheek Nederlandse Letteren (DBNL) edu.nl/tx644 (geraadpleegd op 15-08-2023).

64 Resp. Boerdop. 'Geschiedenis van de bitterbal' en website TasteAtlas edu.nl/3rrue.

65 Advertentie. *Algemeen Handelsblad*. Amsterdam, 24-12-1866, p. 3., via Delpher edu.nl/feuxy (geraadpleegd 30-05-2023) ; Advertentie. *De Zaanlander*. Wormerveer, 08-05-1937, p. 12, via Delpher edu.nl/84awx (geraadpleegd op 30-05-2023); Advertentie. *Twentsch dagblad Tubantia en Enschedesche courant*. Enschede, 22-12-1937, p. 4, via Delpher edu.nl/9ff94 (geraadpleegd op 30-05-2023); heruitgave van de kookkalender *Menu's en recepten.* (1992). Amsterdam: de Nederlandse Vereniging van Huisvrouwen te Batavia. (Originele bron gepubliceerd in 1934); De Groot, W. H., Stoll, F. M. (1934). *Recepten huishoudschool Laan van Meerdervoort 's-Gravenhage.* Den Haag. Beschikbaar via de DBNL edu.nl/bhh76 (geraadpleegd op 15-08-2023).

66 Van den Berg 1, 79.

67 In een Duitse tekst over F. Springer wordt de bitterbal verklaard als 'eine Art mit Fleisch gefüllte Krokette, niederländische Spezialität'. Schellekens, H. (1993-1994). 'Het daghet inden oosten Nederlandstalige

literatuur in Duitsland'. *Vooys* jrg. 12, pp. 101-104, aldaar 102. Beschikbaar via de DBNL edu.nl/6vuja (geraadpleegd op 15-08-2023).

68 Wijers, M. (2023). 'Trixie (75) stond aan het begin van het Australische voetbal: "En nu is het WK hier"', website NOS edu.nl/9xfu9 (geraadpleegd op 07-08-2023).

69 Van den Broek, A. en Van Houwelingen, P. (2019). Hoofdstuk 12: 'Pantser of ruggengraat? Over erfgoed, identiteit en cultuurbeleid. Thematische verkenning.' In: *Denkend aan Nederland. Een bundeling van analyses, thematische verkenningen en essays*. Sociaal Cultureel Rapport 2019. Den Haag, SCP, p. 9.

70 Schrover, M.L.J.C. (2011). Wat doet migratie met een samenleving? Veranderingen bezien vanuit een historisch perspectief. In: *Migratiepolitiek voor een open samenleving.* Den Haag RMO, pp. 113-16; Abbots, E-J. (2016), Approaches to Food and Migration: Rootedness, Being and Belonging. In Klein, J. and Watson, J. (red.), *The Handbook of Food and Anthropology*. London: Bloomsbury, pp. 115-132.

71 Citaten op p. 61-62 uit: Eysberse, D. and M. (2006, 3e editie.), *Where Waters Meet. Bonegilla: The Dutch Experience*. East Kew, Victoria: Erasmus Foundation en Stadsarchief Rotterdam, Archief van de N.V. Koninklijke Rotterdamse Lloyd, toegangsnr. 454-05, inventarisnr. 586.

72 Eysberse, *Where Waters Meet.*

73 NA, Archief van de Directie voor de Emigratie van het Ministerie van Sociale Zaken en Werkgelegenheid, (1933) 1945-1994 (MSZG), toegangsnr. 2.15.68, inventarisnr. 1237 (verslag van Van der Heijden).

74 Eysberse, *Where Waters Meet.*

75 Postiglione, N. (2010), 'It Was just Horrible'. The Food Experience of Immigrants in 1950s *Australia, History Australia*, 7:1, online gepubliceerd 18-02-2016, edu.nl/a83p9 (geraadpleegd op 26-06-2023); Van der Heijden, Verslag.

76 Dossier klachten Wallgrove Hostel: National Archives of Australia (Sydney Branch), series SP 446/1, item 319/13/3 (Wallgrove Residents Complaints, 1950-1952).

77 MI, NDA, toegangsnr. 550, inventarisnr. 2.

78 Van Faassen, M., m.m.v. Timmermans-Hornsveld, M., Schouten, M. en Scherer, M. (z.d.). *Naoorlogs emigratiebeleid in Nederland 1945-1967*. Amsterdam: Huygens Instituut, 'Bregman, Cornelis via edu.nl/caxgu.

79 Horne, S. (2011). *The Invisible Immigrants: Dutch Migrants in South Australia. An Arts Internship Project for the Migration Museum*. Adelaide: University of Adelaide. Beschikbaar via website APO – Analysis & Policy Observatory edu.nl/39yq (geraadpleegd op 26-06-2023).

80 Citaten op p. 66-67 uit Nationaal Archief (NA), Archieven van de Nederlandse Ambassade en Consulaten Australië en de Permanente Vertegenwoordiger bij de South Pacific Commission, 1955-1974 (NACA), toegangsnr. 2.05.145, inventarisnrs. 647-648; 661-662; Van Faassen, M., m.m.v. Timmermans-Hornsveld, M., Schouten, M. en Scherer, M. (z.d.), Naoorlogs emigratiebeleid in Nederland 1945-1967. Amsterdam: Huygens Instituut, 'Bregman, Cornelis via edu.nl/caxgu; Meertens Instituut Amsterdam (MI), Nederlands dagboekarchief (NDA), toegangsnr. 550, inventaris.nr. 2 (Collectie emigrantencorrespondentie Habermehl (Australië) 1971-2002).

81 MI, NDA, toegangsnr. 550, inventarisnr. 2.

82 NA, NACA, toegangsnr. 2.05.145.

83 Citaten op p. 70 en 72 uit MI, NDA, toegangsnr. 550, inventarisnr. 2 en NA, MSZG, inventarisnr. 867.

84 Van 't Hek, Y. (1993). 'Sinterklaas'. Website NRC edu.nl/3gmc9 (geraadpleegd op 15-08-2023).

6 Drop en spekkies

85 International Confectionery Associations (2006). 'World Confectionery Consumption and Production Statistics', website The Manufacturing Confectioner edu.nl/99ymj (geraadpleegd op 29-08-2023).

86 Hendriksen, M. M. A. (2023). *Het grote dropboek*. Zwolle: Just Publishers.

87 Van Maerlant, J. (ca. 1270). *Der naturen bloeme*. MS Den Haag, Koninklijke Bibliotheek, KA 16.

88 Scholliers, P. (2001). 'Meals, Food Narratives, and Sentiments of Belonging in Past and Present' in Scholliers, P. (red.), *Food, Drink, and*

Identity: Cooking, Eating, and Drinking in Europe Since the Middle Ages. Oxford: Berg Publishers, pp. 3–22.

89 Ashley, B., Hollows, J. en Jones, S. B. (red.) (2004). '5. The National Diet,' in *Food and Cultural Studies.* London: Routledge, pp. 75-90; pp. 75-76, 82.

90 Cornips, L. Hendriksen, M. en Mak, G. (2023). 'Kaasus Nederland,' in Cornips, L. Hendriksen, M. en Mak, G. (red.). *Kaas = NL?*. Gorredijk: Sterck en De Vreese, pp. 7-20.

91 Raviv, Y. (2015). *Falafel Nation: Cuisine and the Making of National Identity in Israel.* Lincoln, NE: University of Nebraska Press.

7 Geen water, maar bier?

92 Ik dank graag Petra J.E.M. van Dam, Dániel Moerman, Bob Pierik, Marja Heier en Carolijn Amesz voor hun waardevolle suggesties rondom deze bijdrage. Dit artikel werd geschreven in het kader van het NWO-project *Coping with drought. An environmental history of drinking water and climate change in the Netherlands, 1550-1850* (nr. 406.18.HW.015).

93 Zie bijvoorbeeld Van der Vlis, I. (2005). *Van wezen tot zijn. Vier eeuwen zorg voor jongeren*. Zutphen: Walburg Pers, p. 93; Bosman, M. (2006). *Het weeshuis van Culemborg 1560-1952*. Amsterdam: Athenaeum-Polak & Van Gennep, pp. 98-99; Endlich, B. en Van der Zee, N. (2018), *Het Amsterdams Burger-Weeshuys: een stadje in een stad*. Soesterberg: Aspekt, p. 21, p. 103.

94 Jorink, E. (1999). *Wetenschap en wereldbeeld in de Gouden Eeuw*. Zeven Provinciënreeks 17. Hilversum: Verloren, pp. 83-84.

95 Van Oosten, R. (2021). 'De pioniersjaren van de medisch-topografische kaart. Het ijverige onderzoek van de Leidse Vereeniging tot verbetering van de Volksgezondheid (1867-1874)', in Van Engen, H., Nijdam, H. en Van Vliet, K. (red.). *Macht, bezit en ruimte. Opstellen over de noordelijke Nederlanden in de middeleeuwen*. Hilversum: Verloren, pp. 611-622, aldaar 611, 621.

96 Van der Lee, J., Schrickx, C. Van Langen, B. (2009). *'t Wees Huys in Hoorn. Geschiedenis van het Mariaklooster, Burgerweeshuis en Protestants Weeshuis*. Hoorn: Bas Baltus, p. 546, bijlage 48 (op bijgevoegde cd-rom).

97 Stadsarchief Amsterdam (SAA), Archief Burgerweeshuis (toegangsnr. 367.A), inventarisnr. 13, scan 89, juni 1766.

98 Porter, R. (2006). *The Cambridge History of Medicine*. Cambridge: Cambridge University Press, p. 88; Ladan, R. (2012). *Gezondheidszorg in Leiden in de late middeleeuwen*. Hilversum: Verloren, p. 18; Van Leeuwen, M. H. D. (2000). *De rijke Republiek: gilden, assuradeurs en armenzorg 1500-1800*. Den Haag: Verbond van verzekeraars/Amsterdam: NEHA, p. 386.

99 Zie bijvoorbeeld de verfijnde waterhuishouding van een weeshuis: Van Tielhof, M. (2022). 'Water voor duizend wezen. Het Aalmoezenierswees-huis in Amsterdam, 1666-1790', *Stadsgeschiedenis* 17:2, pp. 91-107.

100 Foncke, M.E. (2021), *Water's worth. Urban society and subsidiarity in seventeenth-century Holland.* Dissertatie Universiteit van Amsterdam), p. 94, edu.nl/n9q78.

101 Alberts, L. (2017). 'Dorstlessend water of voedzaam bier?', *Madoc, Tijdschrift over de Middeleeuwen* 31:2, pp. 101-108, aldaar 103.

102 Foncke, *Water's worth*, 50.

103 Kool-Blokland, J. L. (1990). *De zorg gewogen. Zeven eeuwen godshuizen in Middelburg*. Middelburg: Koninklijk Zeeuws Genootschap der Wetenschappen, p. 434.

104 Transcriptie van het memorieboek van Maria van Nesse, fols. 8r, 27v, 63r via website Regionaal Archief Alkmaar edu.nl/pu7qg. Zie over dit interessante handschrift Noorman, J. en Van der Maal, R. J. (2022). *Het unieke memorieboek van Maria van Nesse (1588-1650). Nieuwe perspectieven op huishoudelijke consumptie*. Amsterdam: Amsterdam University Press.

105 Willebrands, M. (2019), 'Ons kent ons. Achttiende-eeuwse kookhandschriften uit de Amsterdamse grachtengordel', in Bosmans, S. en Klein, M. (red.). *De smaak van Amsterdam. 700 jaar stedelijke eetcultuur.* Amsterdam: Genootschap Amstelodamum, pp. 72-119, aldaar 78.

106 Van den Heuvel, C. (2005). *'De Huysbou'. A Reconstruction of an Unfinished Treatise on Architecture, Town Planning and Civil Engineering by Simon Stevin*. Amsterdam: KNAW, p. 244.

107 Abrahamse, J. E. (2010). *De grote uitleg van Amsterdam. Stadsontwikkeling in de zeventiende eeuw.* Bussum: THOTH, pp. 320-322.

108 Van Roosbroeck, F. (2019) 'The water supply of early modern Amsterdam. A drop in the bucket?', TSEG. *The Low Countries Journal of Social and Economic History* 16:2, pp. 71-91.

109 Alberts, L. (2017). 'Dorstlessend water', pp. 105-107; Alberts, L. (2017), *Brouwen aan de Eem. Amersfoort, een Stichtse bierstad in de late middeleeuwen*. Hilversum: Verloren, p. 49.

110 Pierik, B. (2023). 'Shifting attitudes to drinking common water in Dutch medicine, 1630-1750', *European Journal for the History of Medicine and Health*, pp. 1-30, online gepubliceerd in aanloop naar print, edu.nl/qjtt6.

111 Veerkamp, J. (2020). *De Groote Keijser. Archeologische Begeleiding Keizersgracht* 242-252. Amsterdamse Archeologische Rapporten 122, Amsterdam, p. 12.

112 Pierik, 'Shifting attitudes'.

113 *Verhandelingen van de Natuur- en Geneeskundige Correspondentie-Sociëteit in de Vereenigde Nederlanden deel I, afd. II b. Behelzende de Geneeskundige Waarneemingen van het Jaar* 1779. (1783). Den Haag: Jan Abraham Bouvink, pp. 649 en 655.

114 Voskuil, J.J. (1988). 'De verspreiding van koffie en thee in Nederland', *Volkskundig bulletin* 14:1, pp. 68-93, aldaar 80.

115 Westerholt, R. (2007). 'Genoeg voor een heel weeshuis? De voeding van kinderen in het Groene Weeshuis in Groningen, 1631-1830', TSEG 4/1, pp. 89-116, aldaar 94; Kool-Blokland, *De zorg gewogen*, p. 443.

116 Berekend op basis van SAA, Archief Aalmoezeniersweeshuis (AA), toegangsnr. 343, inventarisnrs. 593 (grootboeken) en 576-578 (journaals).

117 SAA, AA, inventarisnr. 30 (resoluties), scan 152, p. 244, 9-2-1714.

118 Van der Lee, Schrickx, Van Langen. *'t Weeshuys in Hoorn*, 537, bijlage 39 (op bijgevoegde cd-rom).

119 *Reglement van het weesjongenshuis der Nederlandsche Portugesche Israelitische Gemeente te Amsterdam genaamd Aby Jetomim*. (1817). Amsterdam: S.L. Salzedo Dl. Zoon, artikel 14.

120 Website *Canon van de Nederlandse biercultuur*, venster 'Brouwwater van de putstoel', edu.nl/agcw6 (geraadpleegd op 28-06-2023).

8 Van persoonlijke gezondheid naar *planetary health*

121 Mintz, S. W. (1986). *Sweetness and power: The place of sugar in modern history*. Penguin. Bosma, U. (2023). *The World of Sugar: How the Sweet Stuff Transformed Our Politics, Health, and Environment Over 2,000 Years*. Harvard University Press.

122 Zie bv. Lustig, R. (2014). 'Suiker verstopt zich waar je het kan zien', website TED edu.nl/d4jgm.

123 Dit soort relaties met voedsel zijn niet nieuw. Denk aan de 'humorale theorie', gebaseerd op het werk van de Griekse arts Galen (geboren in 129 n.Chr.), die stelt dat een goede gezondheid afhankelijk is van de balans tussen vier fundamentele vloeistoffen: bloed, choler (gele gal), slijm en zwarte gal. De 'humoren' worden voortdurend beïnvloed door wat mensen eten en drinken.

124 Abrahamsson, S. (2014). Cooking, eating and digesting: Notes on the emergent normativities of food and speeds. *Time & Society*, 23(3), 287-308.

125 De koloniale bezorgdheid over voeding begon in de jaren twintig als gevolg van de 'grote koloniale behoefte aan arbeidsgeschikte werkkrachten': Lock, M. M., & Nguyen, V. K. (2010). An anthropology of biomedicine. pp 127). De koloniën, met name India, vormden een ideaal laboratorium om de invloed van dieet op voedingswaarde te bestuderen vanwege de verscheidenheid aan diëten die daar te vinden waren. Er kan dus worden gesteld dat de wetenschap van voeding is ontstaan in de late koloniale periode. De eerste voedingsaanbevelingen verschenen in 1916 in de VS met de boodschap 'eet genoeg' voor een gezond lichaam en introduceerden het idee van 'voedselgroepen'. Zie: Ibáñez Martín, R. (2018). Thinking with La Cocina: fats in Spanish kitchens and dietary recommendations. *Food, Culture & Society*, *21*(3), 314-330.

126 Eerder was het belangrijkste doel van voedingsrichtlijnen om een 'eet-genoeg'-boodschap over te brengen, dat wil zeggen om mensen te laten zien hoe ze genoeg kunnen eten om geen tekorten aan vitamines en voedingsstoffen te ontwikkelen (Davis, C., & Saltos, E. (1999). Over Time. *Am. Eat. Habits Changes Conseq*, 750, 33.) Hoewel deze zorg nog

steeds relevant is omdat ondervoeding en honger nog steeds veel voorkomen in veel landen en onder specifieke groepen van de Nederlandse bevolking, is de belangrijkste zorg verschoven. In de afgelopen decennia, in ieder geval in 'westerse' landen zoals Nederland, wordt de noodzaak om burgers van de juiste voedingsinformatie te voorzien blijkbaar gevoed door een bezorgdheid over de constatering dat mensen 'te veel' eten: de opkomst van wat een 'obesitasepidemie' wordt genoemd. Zie: Gard, M., & Wright, J. (2005). *The obesity epidemic: Science, morality and ideology*. Routledge. & Wright, J., & Harwood, V. (Eds.). (2012). *Biopolitics and the'obesity epidemic': governing bodies* (Vol. 3). Routledge.

127 Er dreigt verwarring te ontstaan als de Nutri-Score en de Schijf van Vijf in Nederland naast elkaar gaan bestaan. Het RIVM erkent dit en schrijft op hun website: 'Zowel de methode als de criteria om voedingsmiddelen te beoordelen, verschillen tussen Nutri-Score en de Schijf van Vijf. Mede daardoor sluit Nutri-Score voor verschillende voedingsmiddelen nog niet goed aan bij de Schijf van Vijf (zoals voor koek en gebak, brood-en graanproducten, melk(dranken), kaas en bewerkt vlees). Voor invoering is het echter belangrijk dat Nutri-Score voldoende aansluit bij de Schijf van Vijf. Hierdoor kan verwarring bij consumenten worden voorkomen. Het ministerie van VWS baseert het besluit over de invoering daarom op de resultaten van het onderzoek door het wetenschappelijk comité en het advies van de Gezondheidsraad.' Bron: RIVM (2023). 'Nutri-Score', website RIVM edu.nl/wprwy (geraadpleegd op 18-08-2023).

128 Vandamme, S., van de Vathorst, S., & Beaufort, I. (2010). *Whose Weight is it Anyway?: Essays on Ethics and Eating*. Acco. pp. 7-8 met de cursivering als nadruk toegevoegd door de auteurs).

129 Willett, W., Rockström, J., Loken, B., Springmann, M., Lang, T., Vermeulen, S., ... & Murray, C. (2019). Our food in the Anthropocene: the EAT-Lancet Commission on healthy diets from sustainable food systems. *Lancet*, 393(10170), 447-492.

130 Het gebruik van 'wij' in het rapport is controversieel. In de antropologie roept het gebruik van 'wij' ethische bezwaren op, omdat dit een homogeen 'wij' veronderstelt dat bestaat uit het publiek van het rapport en de schrijvers van het rapport als een ongedifferentieerde groep. Het

gebruik van 'wij' impliceert het vooronderstellen van dezelfde culturele normen of waarden die gedeeld worden door de schrijvers van het rapport en het publiek dat het rapport ontvangt.

131 Poore, J., & Nemecek, T. (2018). Reducing food's environmental impacts through producers and consumers. *Science, 360* (6392), 987-992.

9 'Dat het beslagh noch tay om de lepel blijft'

132 Bijvoorbeeld Rodenburg, P. en Nijkamp, E. (2008). *De Oliebol. Oer-Nederlandse traditie? Klassiek Vlaams baksel? Nederlanders en Vlamingen bakken ze bruin.* Amstelveen: Rodenburg [etc.]; Werk, H. (2006), 'Oliebollen en oliekoecken', *Mededelingsblad en verzamelde opstellen Academie voor de streekgebonden gastronomie* 23:4 (2006), pp. 20-34.

133 Van Dam, J. (2014). *Dedikkevandam. Van aardappel tot zwezerik.* Amsterdam: Nijgh & Van Ditmar, p. 414.

134 Werk, H. (2014) 'Oliebollen', website Genealogie familie Werk. Kermishistorie, kermisfamilies en kermisgebakedu.nl/dynem (geraadpleegd op 05-09-2023).

135 Van Rossem, M. (2009). 'Oliebollen, kankeren en gezelligheid', website *Historisch Nieuwsblad,* 17 juni 2009 edu.nl/bhfbd (geraadpleegd op 04-09-2023).

136 Zie voor een (weliswaar gespeelde) verbolgen reactie: Van Dam, *Dedikkevandam*, p. 414. Met dank aan Mariken Teeuwen.

137 Database 'Delpher kranten' van de KB, nationale bibliotheek (Den Haag) edu.nl/4ax8a (geraadpleegd op 03-09-2023).

138 [z.n.] (1667). *De verstandige kock, of sorghvuldige huyshoudster.* Amsterdam: Marcus Willemsz. Doornick.

139 Vrij naar *De verstandige kock*, pp. 21-22. Voor een nauwkeurige transcriptie van het originele recept, zie onderaan deze bijdrage. Voor een moderne hertaling naar de tweede druk uit 1669 zie Willebrands, M., Van Dongen, A. en Henzen, M. (2022). *De verstandige kock. Proef de smaak van de 17de eeuw.* Gorredijk: Sterck & De Vreese, p. 215.

140 Zie de facsimile van de tweede druk van 1669, uitgegeven in Willebrands, Van Dongen en Henzen, *De verstandige kock*, pp. 75-109, aldaar 96 (= p. 20 in de facsimile).

141 Op het bekende schilderij *Jonge vrouw met een kookpot vol oliebollen* van Aelbert Cuyp rond 1652 zijn al bolvormige baksels te zien. Hierbij moet worden opgemerkt dat de titel die aan het schilderij wordt toegeschreven niet contemporain is (Dordrechts Museum, Dordrecht, objectnr. DM/010/937).

142 De naamsverandering verliep traag. De veertiende druk uit 1867 van het kookboek *Aaltje de volmaakte en zuinige keukenmeid* bevat nog een recept voor 'oliekoeken'. In de druk van 1891 is dit aangepast naar 'oliebollen'. Echter in de tiende druk van *Betje de goedkoope keukenmeid* in 1899 is de benaming 'oliekoek' nog ongewijzigd. ([z.n.] (1867), *Aaltje de volmaakte en zuinige keukenmeid; Nieuw Nederlandsch keukenboek voor koks, keukenmeiden en huismoeders*. Leiden: D. Noothoven Van Goor. Veertiende druk. Eerste druk 1746, p. 221; [z.n.] (1899), *Betje de goedkoope keukenmeid*. Gouda: Van Goor Zonen. Tiende druk. Eerste druk 1850, p. 120).

143 *Rotterdamsche courant*, 17 juni 1815.

144 In het recept staat 'een mengelen', dat is 1,3 liter.

145 Zie het experiment van Manon Henzen, die de oliekoeken volgens de instructies van het zeventiende-eeuwse recept heeft gebakken: 'Oliekoecken uit de 17e eeuw', website Eetverleden edu.nl/qx8jx (geraadpleegd op 07-09-2023).

146 Zo bevat een laatmiddeleeuws handgeschreven kookboek, waarvan het manuscript bewaard wordt in Gent, vooral recepten georiënteerd op de Franse keuken. Voor de traditionele, lokale recepten had men wellicht geen kookboek nodig. Dit handgeschreven kookboek is uitgegeven door Ria Jansen-Sieben en Maria Johanna van Winter: Jansen-Sieben, R. en Van Winter, M.J. (1998). *De keuken van de late Middeleeuwen. Een kookboek uit de Lage Landen*. Amsterdam: Bert Bakker.

147 Jansen-Sieben, R. en Van der Molen-Willebrands, M. (ed.) (1994). *Een notabel boecxken van cokeryen*. Amsterdam: De Kan.

148 De uitdrukking 'eten wat de grond schaft' is van Marleen Willebrands, *De verstandige kock*, p. 17.

149 Facsimile van de editie van 1669, p, 5, opgenomen in Willebrands, Van Dongen en Henzen, *De verstandige kock: 'Aen alle Kocks, en Kockinnen. De Verstandige Kock*, waerschouwt alle *Kocks* en *Kockinnen*, dat sy haer [zich] wachten, van allerlei sterke en zoete Franse wijnen in de saussen te doen [...] en seyt dat die geestiger, amperder, geuriger en smakelijker te maken zijn, met water, Asijn, Limoensap en Verjuys, yder na hare eys.'

150 Jansen-Sieben en Van Winter. *De keuken van de late Middeleeuwen*, pp. 34, 35.

151 Willebrands, Van Dongen en Henzen. *De verstandige kock*, p. 34.

152 Rose, P.G. (1998). *The Sensible Cook. Dutch Foodways in the Old and the New World*. Syracuse: Syracuse University Press, p. 119.

153 Zie ook Van der Sijs, N. (2009). *Yankees, cookies en Dollars. De invloed van het Nederlands op de Noord-Amerikaanse talen*. Amsterdam: Amsterdam University Press, p. 136.

154 In moderne bewerkingen van *The Legend of Sleepy Hollow* speelt het verhaal zich af op de avond voor Allerheiligen, Halloween, maar in de oorspronkelijke versie van Irving uit 1820 wordt alleen gesproken over een mooie herfstavond.

155 Zie uitvoeriger: Madway, L. (2012). 'Purveying Patriotic Pageantry: The Civil War Sanitary Fairs in New York', *New York History* 93.4, pp. 268-301.

156 'Knickerbocker' is een aanduiding voor nakomelingen van Nederlandse kolonisten in New York.

157 *Utrechtsch provinciaal en stedelijk dagblad*, 29 april 1864.

158 Willebrands, Van Dongen en Henzen. *De verstandige* kock, p. 215.

159 Zie voor hem uitvoeriger: Van der Haagen, M.J.W.F. (1932). *Het geslacht van der Haagen, 1417-1932*. 's-Gravenhage: eigen uitgave, pp. 58-59.

160 *'s Gravenhaegse courant*, 6 mei 1748. 'Obliën' waren dunne, ronde, als een cilinder gerolde koeken, gemaakt van tarwemeel met melk, suiker, kaneel, eieren en boter gebakken, vergelijkbaar met de oubliehoorn.

161 Ibidem. 'Syne Hoogheyd [etc.]': prins Willem Karel Hendrik Friso (1711-1751).

162 *'s Gravenhaegse courant*, 3 mei 1776. Met dank aan Joris Oddens.

163 Sierman, B. (1990). '"Ten profyte van het gemeen". Kermis in de achttiende eeuw', *Literatuur* 7, pp. 134-140, aldaar 137.

164 *'s Gravenhaegse courant*, 11 oktober 1775.

165 *Groninger courant*, 10 oktober 1775.

166 *Friesche courant*, 13 mei 1797.

167 *Bataafsche Leeuwarder courant*, 8 oktober 1803.

168 *De nieuwe Haagse Nederlandse courant*, 5 oktober 1798. Er zal sprake zijn geweest van een winkel met daarboven (of -achter) een woongedeelte.

169 De Groningse kermis vond traditioneel in mei plaats.

170 *Provinciale Overijsselsche en Zwolsche courant*, 23 juli 1858.

171 Van Rotterdam, M. (2003). '"Zie jonge Heer, wat zyn ze bol"', *Historisch Nieuwsblad* 12, p. 43.

172 Kruijswijk, M.en Nesse, M. (2006). *Nederlandse jaarfeesten en hun liederen door de eeuwen heen*. Hilversum: Verloren, p. 14.

173 Ibidem.

174 Over *invented traditions*, zie het standaardwerk van Hobsbawm, E. en Ranger, T. (red.) (1983). *The Invention of Tradition*. Cambridge: Cambridge University Press.

175 Vgl. *Algemeen Handelsblad*, 17 november 1849; *Algemeen Handelsblad*, 23 december 1859; *Algemeen Handelsblad*, 28 augustus 1869; *Nieuw Israelietisch weekblad*, 10 september 1875.

176 Van den Berg M. en Rescue, E. (2020). 'Oliebollen in Ghana', website Stemmen van Afrika, 16 januari 2020 edu.nl/n3u4t (geraadpleegd op 04-09-2023).

177 Van Rossem, M. 'Oliebollen'.

178 [z.n.]. *De verstandige kock*, pp. 21-22. Allard Pierson Amsterdam, Collecties van de Universiteit van Amsterdam, O.63.7021, gedigitaliseerd exemplaar via Google Books edu.nl/k97jy (geraadpleegd op 05-09-2023).

Dankwoord

De redactie bedankt collega's Mathilde Jansen, Rose Spijkerman en Sophie Elpers voor hun hulp en expertise bij het redigeren van een aantal hoofdstukken, Peter Jan Margry voor het in beeld brengen van de Meertenscollecties en Irene de Vette voor de tekstredactie.

Over het KNAW Humanities Cluster

Alle auteurs en redacteuren van deze uitgave zijn verbonden aan het KNAW Humanities Cluster, een samenwerkingsverband tussen drie geesteswetenschappelijke instituten van de Koninklijke Nederlandse Akademie van Wetenschappen (KNAW): het Meertens Instituut, het Huygens Instituut en het Internationaal Instituut voor Sociale Geschiedenis (IISG).

Binnen het KNAW Humanities Cluster ligt een grote nadruk op samenwerken en innovatie. Het cluster initieert interdisciplinaire projecten, ontwikkelt nieuwe (digitale) methoden en bouwt aan een duurzame digitale infrastructuur voor geesteswetenschappelijke data. Vanuit deze visie zijn twee aparte onderzoeksgroepen ontstaan, NL-LAB en DHLAB.

Het Meertens Instituut bestudeert en documenteert taal en cultuur in Nederland en Nederlandse taal en cultuur in de wereld. Centraal staan de verschijnselen die het alledaagse leven in onze samenleving vormgeven.

Het Huygens Instituut is het nationale instituut voor onderzoek naar de Nederlandse geschiedenis en cultuur. Het instituut richt zich op het bestuderen van historische bronnen en literaire teksten op innovatieve manieren, in een internationaal perspectief.

Het Internationaal Instituut voor Sociale Geschiedenis verzamelt, beheert en biedt duurzame toegang tot historische informatie met een focus op werk, arbeidsverhoudingen, sociale en economische ongelijkheid en sociale bewegingen wereldwijd. Langs dezelfde thematische lijnen wordt onderzoek verricht, brengt het instituut tijdschriften uit en organiseert het evenementen.

NL-LAB ontwikkelt onderzoek naar Nederlandse cultuur en identiteit, in heden en verleden. De onderzoeksgroep bundelt expertise uit verschillende kennisvelden om met innovatieve onderzoeksmethodes nieuwe perspectieven te ontwikkelen op deze urgente kwesties.

DHLAB is een laboratoriumomgeving voor al het digital humanities-onderzoek in het cluster. Het heeft als missie om geesteswetenschappelijk onderzoek te bevorderen door expertise uit de geesteswetenschappen, computationele linguïstiek, information retrieval, XML, sociale wetenschappen en semantisch web samen te brengen.

Over de auteurs

Judith Brouwer is datacurator en onderzoeksdatamanager voor het Huygens Instituut en het Meertens Instituut.

Martine De Bruin is beheerder van de Nederlandse Liederenbank bij het Meertens Instituut.

Jeroen Van Craenenbroeck is senior onderzoeker Taalvariatie bij het Meertens Instituut en hoogleraar Nederlandse Taalkunde aan de KU Leuven. Hij verricht onderzoek naar morfologische en syntactische variatie in dialecten van het Nederlands.

Marieke Van Erp onderzoekt taal- en semantische webtechnologie voor big data-toepassingen in het cultureel erfgoed en de geesteswetenschappen. Ze leidt DHLAB bij het KNAW Humanities Cluster.

Marijke Van Faassen is senior onderzoeker bij het Huygens Instituut.

Stefan Grondelaers is senior onderzoeker Taalvariatie bij het Meertens Instituut. Hij verricht onderzoek naar de productie- en perceptieaspecten van taalvariatie en -verandering in het Nederlandse, Belgische en Surinaamse Nederlands.

Marieke Hendriksen is senior onderzoeker Kennisgeschiedenis en afdelingshoofd van NL-LAB (KNAW Humanities Cluster).

Rik Hoekstra is digital historian bij DHLAB (KNAW Humanities Cluster).

Rebeca Ibáñez Martín is senior onderzoeker bij het Meertens Instituut, waar ze de thematische lijn over de antropologie van voedsel, lichaam en welzijn leidt.

Lidy Jansen is coördinator Bibliotheek & Archiefcollecties bij het Meertens Instituut, Huygens Instituut en NIAS (Netherlands Institute for Advanced Study in the Humanities and Social Sciences).

Nina Lamal is postdoctoraal onderzoeker bij NL-LAB (KNAW Humanities Cluster). Ze is geschiedkundige en onderzoekt vroegmoderne Europese diplomatie.

Olga Leonhard is communicatie-adviseur bij het Meertens Instituut.

Caro Matulessya is archivaris en erfgoedprofessional bij het Internationaal Instituut voor Sociale Geschiedenis.

Irene Van Renswoude is senior onderzoeker bij het Huygens Instituut en afdelingshoofd Kennis- en Kunstpraktijken.

Milja Van Tielhof is senior onderzoeker bij het Huygens Instituut. Zij doet onderzoek naar watergebruik in vroegmoderne Hollandse steden en de invloed daarop van weer en klimaat.